ケーススタディ でわかる

フリーランス・事業者間取引適正化等法の実務対応

第二東京弁護士会 労働問題検討委員会［編著］

第一法規

はしがき

　2024年11月1日から「特定受託事業者に係る取引の適正化等に関する法律」（以下、「フリーランス法」といいます。）が施行されます。

　第二東京弁護士会は、厚生労働省より委託を受け，厚生労働省のほか，内閣官房，公正取引委員会，中小企業庁と連携して、2020年11月に「フリーランス・トラブル110番」を立ち上げ、全国のフリーランスの皆様からのご相談や、紛争解決のための和解あっせん手続（裁判外紛争解決手続）に対応してまいりました。制度立ち上げから現在までの間のご相談件数は2万5000件を超え、和解あっせん手続の申立件数は、600件を超えています。フリーランス法は、このフリーランス・トラブル110番によせられた相談傾向も踏まえ制定されています。

　フリーランス・トラブル110番では、業務を委託されたフリーランスの方からの相談を日々受けておりますが、相談の現場では、発注者がきちんと対応しておけばトラブルを防ぐことができたのにと思われる相談を連日受けています。このような経験から、フリーランス法が施行されると、さまざまな義務が課せられる発注者の方に、フリーランス法の内容を正しく、簡単に理解できるような書籍を作ることが、トラブルを防ぐためには必要だと企画し本書の刊行に至りました。

　本書は、発注者とフリーランスとの間の取引上のトラブルの実態をよく知るフリーランス・トラブル110番の相談員となっている弁護士が中心となって、発注者が注意すべきフリーランス法の重要ポイントの解説と、ケーススタディによる実務上のポイントについて実践的な解決方法を示しています。

フリーランス法を解説するにあたっては、フリーランス法と、その政令、規則、指針、ガイドラインなどを踏まえ、できるだけわかりやすくかみ砕いて解説することに心がけました。公正取引委員会と厚生労働省からフリーランス法を解釈するガイドラインが示され、また、就業環境整備の部分については厚生労働省から指針が示されていますが、その内容は多岐にわたっています。これらの内容について、フリーランス・トラブル110番での相談対応の実績を踏まえ、発注者の方の視点にたって、本書を読めば、取引の現場の実践で、すぐに活用できるようにわかりやすく解説することを心がけました。

　特に第4章のケーススタディでは、フリーランス・トラブル110番にこれまで寄せられた相談傾向をもとに、フリーランス法が施行されてから問題となりうるケースを設定し、紛争解決の現場で、フリーランス法をどのように使っていくかを実践的に示した内容となっています。リアルな事例設定は、これまでの相談傾向を知るフリーランス・トラブル110番だからこそ作成できる臨場感あふれる内容となっていると自負しております。

　このように、本書は、これまでのフリーランス・トラブル110番での膨大な相談対応実績に基づき、発注者の方に、フリーランスとの間で生じやすい紛争解決の実務上のポイントを具体的かつ実践的に示したものです。また発注者の方だけでなく、弁護士をはじめとする法律実務家や、発注者から業務を委託されるフリーランスの方にも役立つものと思います。

　最後に、本書が、政令、規則、ガイドライン等が示されてから法律施行までのタイトなスケジュールの中で刊行までたどりついたのは、

執筆に携わった弁護士の尽力だけでなく、第一法規の金子直子さんによる企画段階から最終校正までの行き届いた配慮がなければなしえませんでした。この場を借りて御礼申し上げます。

　ぜひ多くの皆様に本書を手に取っていただき、実務にご活用いただければ幸いです。

2024年10月

　　　　　　　　フリーランス・トラブル110番　事務責任者
　　　　　　　　第二東京弁護士会　弁護士　山田　康成

凡　例

1　本書の編集方針

　本書は、フリーランスに業務委託を行う発注者に適用される「特定受託事業者に係る取引の適正化等に関する法律」（フリーランス・事業者間取引適正化等法）について、令和6年9月1日時点の情報に基づいて執筆をした解説書です。

　フリーランス・事業者間取引適正化等法の施行により、さまざまな義務が課せられる発注者の方の視点にたって、フリーランス取引の現場ですぐに活用できるよう、わかりやすく編集しています。

2　法令名等略語

フリーランス法／法	特定受託事業者に係る取引の適正化等に関する法律（令和5年法律第25号）
フリーランス法施行令／令	特定受託事業者に係る取引の適正化等に関する法律施行令（令和6年政令第200号）
公取委規則	公正取引委員会関係特定受託事業者に係る取引の適正化等に関する法律施行規則（令和6年公正取引委員会規則第3号）
厚労省規則	厚生労働省関係特定受託事業者に係る取引の適正化等に関する法律施行規則（令和6年厚生労働省令第94号）
指針	特定業務委託事業者が募集情報の的確な表示、育児介護等に対する配慮及び業務委託に関して行われる言動に起因する問題に関して講ずべき措置等に関して適切に対処するための指針（令和6年厚生労働省告示第212号）
解釈ガイドライン	特定受託事業者に係る取引の適正化等に関する法律の考え方（令和6年5月31日公正取引委員会・厚生労働省）
執行ガイドライン	特定受託事業者に係る取引の適正化等に関する法律と独占禁止法及び下請法との適用関係等の考え方（令和6年5月31日公正取引委員会）
フリーランスガイドライン	フリーランスとして安心して働ける環境を整備するためのガイドライン（令和3年3月26日内閣官房・公正取引委員会・中小企業庁・厚生労働省）
整備通知	特定受託事業者に係る取引の適正化等に関する法律の施行に伴い整備する関係政省令等の公布等について（令和6年5月31日雇均発0531第1号）

ガイドライン通知	「フリーランスとして安心して働ける環境を整備するためのガイドライン」の策定について（令和3年3月26日基発0326第12号、雇均発0326第3号）
パブリックコメント	特定受託事業者に係る取引の適正化等に関する法律の施行に伴い整備する関係政令等について（令和6年5月31日内閣官房新しい資本主義実現本部事務局、公正取引委員会、中小企業庁、厚生労働省）
成長戦略実行計画	成長戦略実行計画（令和2年7月17日閣議決定）
不正競争防止法	不正競争防止法（平成5年5月19日号外法律第47号）
金融商品取引法	金融商品取引法（昭和23年4月13日号外法律第25号）
独禁法	私的独占の禁止及び公正取引の確保に関する法律（昭和22年4月14日法律第54号）
下請法	下請代金支払遅延等防止法（昭和31年6月1日法律第120号）
労基法	労働基準法（昭和22年4月7日法律第49号）
労契法	労働契約法（平成19年12月5日号外法律第128号）
労組法	労働組合法（昭和24年6月1日号外法律第174号）
刑法	刑法（明治40年4月24日法律第45号）
民法	民法（明治29年4月27日号外法律第89号）
憲法	日本国憲法（昭和21年11月3日）
著作権法	著作権法（昭和45年5月6日法律第48号）
民事訴訟法	民事訴訟法（平成8年6月26日号外法律第109号）
会社法	会社法（平成17年7月26日号外法律第86号）
労働施策総合推進法	労働施策の総合的な推進並びに労働者の雇用の安定及び職業生活の充実等に関する法律（昭和41年7月21日法律第132号）
男女雇用機会均等法	雇用の分野における男女の均等な機会及び待遇の確保等に関する法律（昭和47年7月1日法律第113号）
育児介護休業法	育児休業、介護休業等育児又は家族介護を行う労働者の福祉に関する法律（平成3年5月15日号外法律第76号）
職業安定法	職業安定法（昭和22年11月30日法律第141号）
厚生労働省　法説明資料	「特定受託事業者に係る取引の適正化等に関する法律（フリーランス・事業者間取引適正化等法）【令和6年11月1日施行】説明資料」内閣官房新しい資本主義実現本部事務局・公正取引委員会・中小企業庁・厚生労働省

Contents

はしがき

凡例

第1章　フリーランス法とは

Q1-1　フリーランス法のあらましと制定経緯　2

コラム　フリーランス・トラブル110番

Q1-2　フリーランス法と他の法制度との違い　6

Q1-3　フリーランス法の全体像　9

第2章　フリーランス法の適用範囲

1　「特定受託事業者」　14

Q2-1　「特定受託事業者」とは　14

Q2-2　「事業者」とは　17

コラム　業務委託

Q2-3　「従業員を使用」とは　20

Q2-4　「役員」とは　22

Q2-5　「特定受託事業者」に当たるか否かの基準時　24

Q2-6　実態が「労働者」である場合　26

Q2-7　副業・兼業の場合　28

コラム　副業・兼業

2　特定業務委託事業者と業務委託事業者　29

Q2-8　フリーランス法が適用される「発注者」　29

3　実務対応　31

Q2-9　フリーランス法が適用されるか否か確認する方法　31

第3章　フリーランス法の解説と実務対応

第1節　フリーランス募集時の対応　34

1　的確表示義務　34

Q3-1　フリーランス募集の際の義務　34

Q3-2 的確表示義務が課される募集方法　36

Q3-3 的確表示義務が課される表示事項　39

Q3-4 「虚偽」「誤解」「正確・最新」の意味　42

Q3-5 募集情報と発注内容が異なる場合　45

Q3-6 的確表示義務違反の制裁　47

② 実務対応　49

Q3-7 フリーランス募集時におけるあるべき実務対応　49

第2節　契約締結時の対応　51

① 契約締結　51

Q3-8 契約条件明示義務（3条通知）の内容　51

Q3-9 明示事項　54

Q3-10 発注時に契約条件を明確にできない正当な理由とは　61

Q3-11 契約条件明示義務違反の制裁　63

② 実務対応　65

Q3-12 契約締結時のあるべき実務対応　65

第3節　報酬支払　71

① 報酬支払期日の規制　71

Q3-13 報酬支払期日の規制とは　71

② 支払期日　73

Q3-14 60日ルールとは　73

Q3-15 再委託の特例　78

Q3-16 再委託と前払金　81

③ 実務対応　83

Q3-17 報酬支払に関してのあるべき実務対応　83

コラム　ベストプラクティス（望ましい取引事例）

第4節　禁止行為　85

① 禁止事項　85

Q3-18 禁止行為の内容　85

Q3-19 禁止行為の規制が適用される発注者　88

Q3-20 禁止行為の対象となる契約期間　90

Q3-21 受領拒否の禁止　94

Q3-22 報酬減額の禁止　97

Q3-23 返品の禁止　100

Q3-24 買いたたきの禁止　103

Q3-25 購入・利用強制の禁止　107

Q3-26 不当な経済上の利益の提供要請の禁止　110

　　コラム　著作権と著作者人格権

Q3-27 不当な給付内容の変更・やり直しの禁止　113

Q3-28 禁止行為に対する制裁　116

② 実務対応　119

Q3-29 禁止行為のあるべき実務対応　119

第5節　ハラスメント、妊娠・出産・育児・介護　122

① ハラスメント対策義務　122

Q3-30 ハラスメント対策義務　122

Q3-31 ハラスメント対策義務違反の制裁　127

② 妊娠・出産・育児・介護配慮義務　130

Q3-32 妊娠・出産・育児・介護配慮義務　130

Q3-33 「継続的業務委託」とは　132

　　コラム　日本標準産業分類

Q3-34 配慮申出への対応　136

Q3-35 申出への配慮の内容　139

Q3-36 申出を理由とする不利益取扱い　142

Q3-37 妊娠・出産・育児・介護配慮義務違反の制裁　145

③ 実務対応　146

Q3-38 ハラスメント、妊娠・出産・育児・介護のあるべき実務対応　146

第6節　契約の解消　148

① 発注者による契約解消の事前予告義務　148

Q3-39 契約解消の事前予告義務　148

Q3-40 契約解消を事前予告すべき事業者　150

Q3-41 30日未満の通知期間を定める契約の効力　152

Q3-42 解除予告手当の支払の可否　154

Q3-43 即時解除の可否　156

Q3-44 予告義務違反の解除・不更新の効力　159

Q3-45 予告義務違反の制裁　162

② 発注者による契約解消の理由開示義務　165

Q3-46 契約解消の理由開示義務　165

Q3-47 契約解消の理由開示請求の時期　168

Q3-48 契約解消の理由開示が不要な場合　170

Q3-49 理由開示義務違反の制裁　172

③ フリーランスによる契約解消　174

Q3-50 フリーランスからの事前予告義務・理由明示義務の有無　174

Q3-51 フリーランスの中途解除・不更新を制限する契約の効力　176

Q3-52 フリーランスの中途解除・不更新に伴う違約金条項の効力　179

④ 実務対応　181

Q3-53 契約解消時のあるべき実務対応　181

第4章　ケーススタディで見るフリーランス法

CASE 1 フリーランス・トラブルの実情　186

CASE 2 報酬支払拒否　191

CASE 3 報酬支払遅延　193

CASE 4 報酬減額　196

CASE 5 成果物の受領拒否　199

CASE 6 報酬の天引き　203

CASE 7 発注者の損害賠償・違約金の請求　206

CASE 8 発注者の契約解消　210

コラム　中途解除時の支払い義務

CASE 9 フリーランスからの契約解消　214

CASE 10 募集情報と契約書とが異なる場合　219

CASE 11 契約書等を作成しない場合　222

CASE 12 フリーランスの労働者性　226

CASE 13 フリーランスに対する競業避止義務の設定　230

CASE 14 知的財産権の取扱いの注意点　233

CASE 15 ハラスメント　236

第5章　フリーランス・トラブルの解決手続

CASE 1　フリーランス・トラブル110番の和解あっせん手続　240
CASE 2　少額訴訟　244
CASE 3　支払督促　246
CASE 4　行政当局による指導　248
　　　　　コラム　リニエンシー制度
CASE 5　刑事罰　252

巻末付録　　　特定受託事業者に係る取引の適正化等に関する法律
編集・執筆者一覧

第1章

フリーランス法とは

第1章　フリーランス法とは

第1章　フリーランス法とは

Q 1-1　フリーランス法のあらましと制定経緯

フリーランス法とは何ですか。フリーランス法が制定されるまでの経緯を教えてください。また、フリーランス法はいつから施行されるのでしょうか。

A

フリーランス法は、フリーランスとの取引の適正化と就業環境を整備するための法律です。令和6年11月1日から施行されます。

解説

　フリーランス法は、正式名称を「特定受託事業者に係る取引の適正化等に関する法律」といいます。

　近年、経済産業省の「雇用関係によらない働き方に関する研究会」（平成29年3月）のほか、厚生労働省の「雇用類似の働き方に関する検討会」（平成30年3月30日）、「雇用類似の働き方に係る論点整理等に関する検討会」（平成30年10月〜）など、複数の省庁がフリーランス政策を議論してきました。その中で、フリーランスの実態を把握するために内閣官房が実施した「フリーランス実態調査」（令和2年5月）によれば、日本のフリーランス人口は462万人と試算され、フリーランスのうち取引先とのトラブルを経験したことがあるという人が、フリーランス全体の37.0％にも上ることが明らかとなりました。また、具体的な取引トラブルの内容として、発注時点で業務内容等が明示されなかったというものや、報酬が期限までに払われなかったり減額されたりしたというものが多く（**図表1参照**）、これらの取引ト

ラブルを経験したフリーランスのうち約60％の人が、取引に当たり取引条件が十分に明確にされていない実態も明らかとなりました。

図表1　取引先とのトラブルの内容

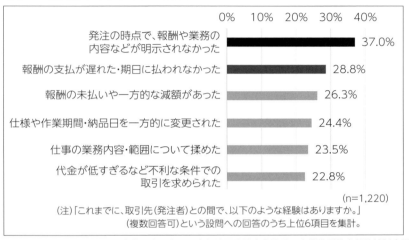

出典：内閣官房日本経済再生総合事務局・全世代型社会保障検討会議
第7回資料「フリーランス実態調査結果」（令和2年5月）

　実際、フリーランスの相談窓口として令和2年11月に設置された「フリーランス・トラブル110番」の相談実績においても、報酬の支払いに関する相談や契約条件の明示、ハラスメント等に関する相談等が多く寄せられています（**図表2参照**）。

図表2　フリーランス・トラブル110番の相談内容

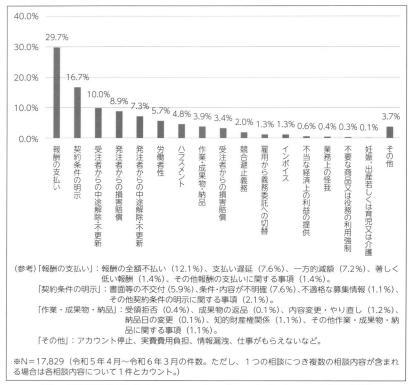

(参考)「報酬の支払い」: 報酬の全額不払い(12.1%)、支払い遅延(7.6%)、一方的減額(7.2%)、著しく低い報酬(1.4%)、その他報酬の支払いに関する事項(1.4%)。
「契約条件の明示」: 書面等の不交付(5.9%)、条件・内容が不明確(7.6%)、不適格な募集情報(1.1%)、その他契約条件の明示に関する事項(2.1%)。
「作業・成果物・納品」: 受領拒否(0.4%)、成果物の返品(0.1%)、内容変更・やり直し(1.2%)、納品日の変更(0.1%)、知的財産権関係(1.1%)、その他作業・成果物・納品に関する事項(1.1%)。
「その他」: アカウント停止、実費費用負担、情報漏洩、仕事がもらえないなど。

※N＝17,829(令和5年4月～令和6年3月の件数。ただし、1つの相談につき複数の相談内容が含まれる場合は各相談内容について1件とカウント。)

出典: 厚生労働省HP「フリーランス・トラブル110番に寄せられた相談件数等はこちら　令和5年度　第4四半期」

　令和3年3月26日、内閣官房、公正取引委員会、中小企業庁、厚生労働省の連名で「フリーランスとして安心して働ける環境を整備するためのガイドライン」(以下「フリーランスガイドライン」といいます。)が策定されました。フリーランスガイドラインは、独禁法、下請法、労基法、労組法を前提として、①契約条件の明確化、②独禁法の優越的地位の濫用規制・下請法の適用の明確化、③労基法、労組法における「労働者性」の判断基準を明確化するものです。

　しかし、フリーランスガイドラインはあくまで現行法を前提としたものであるため、例えば、①資本金要件や下請構造要件を欠くために

下請法の適用がない場合には、契約条件を記載した書面の交付を法律上義務付けられない、②下請法の適用がない場合にも独禁法の適用があり得るものの、迅速な執行が困難、③「労働者性」が否定されると労働関係法令の保護を受けられない、といった課題が残されていました。

　そこで、①契約条件の明示や、下請法と同様の禁止行為を定め、取引の適正化を図るとともに、②募集条件の的確表示義務、中途解除予告やハラスメントの防止措置義務等を定め、就業環境を整備するため、フリーランス法が制定されました（法1条）。

　フリーランス法は、令和6年11月1日から施行されます。

【🏃 コラム　フリーランス・トラブル110番】

　フリーランス・トラブル110番とは、発注者から仕事の委託を受けるフリーランスの取引上のトラブルを解決するための相談窓口です。

　第二東京弁護士会が厚生労働省から依頼を受け、厚生労働省、内閣官房、公正取引委員会、中小企業庁と連携して2020年11月から設置されています。

　相談員は全員弁護士で、フリーランスが無料で電話やメール、対面（ウェブでの相談も可能）で相談することができるほか、弁護士があっせん人として行う和解あっせん（ADR・裁判外紛争処理手続）も利用できることにも特色があります。

　フリーランス法では21条に位置づけられ、フリーランス法施行後は、フリーランスがフリーランス法の違反行為の申出を希望する場合、公正取引委員会や厚生労働省に申出の案内を行う役割も担うことになります。

第1章　フリーランス法とは

フリーランス法と他の法制度との違い
フリーランス法は、独禁法や下請法、労基法と何が違うのですか。

フリーランス法は、独禁法や労基法では救済困難であったフリーランスに対し、下請法と同様の保護と労働者に類似した保護を与えています。

1　独禁法・下請法との違い

　独禁法は、「優越的地位の濫用」を禁止しています（独禁法19条、同2条9項5号）。優越的地位の濫用とは、取引上の立場が相手方より優越している当事者が、相手方に対し、その優越的な地位を利用して不当に不利益を与える行為をいいます。フリーランスに対する行為も、優越的地位の濫用として規制の対象となる余地はあります。しかし、独禁法を所管する公正取引委員会が優越的地位の濫用につながるおそれがあるとして「注意」した件数は、近年は年50件程度であり、独禁法がフリーランスに対する実効的な救済手段として機能することは期待できません。

　下請法は、親事業者に比して弱い立場にある下請事業者を、資本金など等などの明確な線引きで特定した上、迅速かつ効果的に保護しようとする法律であり、独禁法上の優越的地位の濫用の規制を補うものです。独禁法と同様、下請法もフリーランスにも適用される可能性はありますが、実務上は、フリーランスに業務を委託する事業者も零細事業者であって、資本金が1,000万円を超えることが条件の下請法上の「親事業者」（下請法2条7項各号）に該当せず、下請法が適用されない場面が多いと思われます。また、下請法は、業務委託者が「業として」（同法2条1～4項）行う業務の委託の場合にのみ適用され

第1章　フリーランス法とは

るため、委託者が「業として」いない業務を受託するフリーランス（例えば、建設業者がフリーランスにホームページ作成を委託する場合）には適用できません。

　このように、独禁法や下請法そのものをフリーランスに適用することには困難が伴いますが、フリーランス法は、事業者の資本金の条件もなく、委託者が「業として」行う業務か否かも関係がないので、独禁法・下請法で救済できなかったフリーランスにも適用が期待されます。

図表3　独禁法・下請法の適用範囲

独禁法	下請法
発注者が事業者であれば、相手方が個人の場合でも適用される	発注者が資本金1,000万円超の法人の事業者であれば、相手方が個人の場合でも適用される

⬇	⬇

| 実効的な救済手段としての機能は期待できない | 委託事業者が零細企業の場合、適用されない
委託事業者の「業」として行う業務の委託にのみ適用 |

2　労基法との違い

　フリーランス法の適用対象は、「特定受託事業者」（法2条1項）、すなわち「事業者」であり、労基法上の「労働者」とは異なります。「事業者」と「労働者」の違いは、使用者（委託者）の指揮命令下に置かれているか否かの実態で判断され、「業務委託契約書」があるか否かによって決まるものではありません。

　これまで、労働者に該当しないフリーランスには労基法上の保護は

7

第1章 フリーランス法とは

ありませんでしたが、フリーランス法では、フリーランスに、以下の表のような労働者類似の保護を与えました。

図表4 労働者とフリーランスの違い

	労働者	フリーランス
契約解除の予告	原則、少なくとも30日前までに予告をする義務あり（労基法20条1項）ただし、1日につき平均賃金を支払えば、短縮も可能（同2項）	原則、少なくとも30日前までに予告をする義務あり（フリーランス法16条1項）
ハラスメント対策	各ハラスメント防止のため、各ハラスメントに適切に対応するために必要な体制の整備その他の必要な措置を講じる（労働施策総合推進法、男女雇用機会均等法など）	フリーランスからの相談に応じ、適切に対応するために必要な体制の整備その他の必要な措置を講じる（法14条1項）
妊娠、出産、育児介護の保護	産前産後休暇、育児休業、介護休業その他休暇・短時間勤務等の措置を受けられる権利あり（労基法、育児・介護休業法）	フリーランスの育児介護等の状況に応じた必要な配慮をする義務ないし努力義務あり（法13条）
募集条項の的確表示	虚偽の表示又は誤解を生じさせる表示の禁止（職業安定法5条の4）	虚偽の表示又は誤解を生じさせる表示の禁止（法12条）

第1章　フリーランス法とは

Q 1-3　フリーランス法の全体像

フリーランス法の全体像を教えてください。

▼ ▼

A　フリーランス法では、フリーランスの募集から、契約の締結、契約の履行、契約終了の各段階において、取引の適正化を図る観点から下請法同様の規制をするとともに、フリーランスの就業環境の整備を図る規定が定められています。

▼ ▼

解説　フリーランス法の規制を時系列順に並べると、以下のようになります。

フリーランスの募集
【募集条項の的確表示（12条）】（Q3-1 ～ Q3-7 参照）

　広告等によりフリーランスの募集情報を提供するときは、虚偽の表示等をしてはならず、正確かつ最新の内容に保つ義務を負います。

契約の締結
【契約条件明示義務（3条）】（Q3-8 ～ Q3-12 参照）

　フリーランスに業務委託をした場合、直ちに、契約条件を書面または電磁的方法で明示する義務を負います。この条文だけは、フリーランスを含む全ての発注者に適用されます。

　なお、補充事項がある場合にも、直ちに明示する義務を負います。

【禁止行為（買いたたきの禁止）（5条1項4号）】（Q3-24 参照）

　フリーランスに1か月以上継続する業務委託をする場合、通常相場に比べ著しく低い報酬の額を不当に定めることは禁止されます。

【報酬の支払期日（4条）】（Q3-13 〜 Q3-17 参照）

　フリーランスから給付を受領した日（または役務の提供を受けた日）から60日以内のできる限り短い期間内に報酬の支払期日を定めて支払う義務を負います。

　フリーランスへの委託が再委託の場合、一定の条件を満たせば、元委託支払日から30日以内に支払えば足ります。ただし、契約時に一定の事項の通知が必要です。

契約の履行

【禁止行為（5条）】（Q3-18 〜 Q3-23、Q3-25 〜 Q3-29 参照）

　フリーランスに対し1か月以上継続する業務委託をした場合、以下の行為が禁止されます。

　①フリーランスに責任がないのに給付の受領を拒否すること

　②フリーランスに責任がないのに報酬を減額すること

　③フリーランスに責任がないのに返品を行うこと

　④正当な理由なく自己の指定する物の購入・役務の利用を強制すること

　⑤自己のために金銭、役務その他の経済上の利益を提供させること

　⑥フリーランスに責任がないのに内容を変更させ、またはやり直させること

第1章　フリーランス法とは

【妊娠・出産・育児・介護配慮義務（13条）】（ Q3-32 ～ Q3-38
参照）

　6か月以上継続して業務を受託するフリーランスが、妊娠、
出産、育児、介護と両立して業務を行えるよう、フリーランス
の申出に応じて、必要な配慮をする義務を負います。
※6か月に満たない業務を委託する場合にも努力義務が課され
　ています。

【ハラスメント対策義務（14条）】（ Q3-30 ～ Q3-31 参照）

　フリーランスに対するハラスメント行為について、フリーラ
ンスからの相談に応じ、適切に対応するために必要な体制の整
備その他の必要な措置を講じる義務があります。

契約の終了

【解除等の予告（16条）】（ Q3-39 ～ Q3-53 参照）

　6か月以上の継続的業務委託を中途解除・不更新とする場合、
原則として、契約終了の30日前までにフリーランスに予告する
義務を負います。

　また、契約満了までにフリーランスから契約終了の理由の開
示を請求された場合には、原則として遅滞なく理由を開示する
義務を負います。

11

第1章　フリーランス法とは

図表5　事業者間の取引（業務委託）

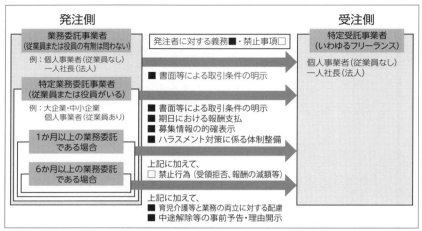

出典：厚生労働省　法説明資料

第2章

フリーランス法の
適用範囲

第2章　フリーランス法の適用範囲

第2章　フリーランス法の適用範囲

1　「特定受託事業者」

Q 2-1　**「特定受託事業者」とは**

フリーランス法では、フリーランスのことを、「特定受託事業者」と呼ぶようですが、具体的にはどのような人が対象になるのでしょうか。

A　「特定受託事業者」とは、「業務委託」の相手方である「事業者」であって、①個人であって、「従業員」を使用しないもの、②法人であって、1名の代表者以外に役員がおらず、かつ、「従業員」を使用しないものをいいます。業種に制限はなく、運送関係、システム開発・ウェブ作成関係、建設関係、デザイン関係など、あらゆる業種のフリーランスが「特定受託事業者」に当たります。

解説　**1　「特定受託事業者」の定義**

フリーランス法は、世の中でフリーランスと呼ばれている方すべてに適用があるわけではありません。フリーランス法では、フリーランス法の適用を受けるフリーランスを、「特定受託事業者」と定義しています。

「特定受託事業者」とは具体的には、以下のような人たちを指します。

「業務委託」の相手方である「事業者」であって、

14

①個人であって、「従業員」を使用しないもの（法2条1項1号）
②法人であって、1名の代表者以外に役員がおらず、かつ、「従業員」を使用しないもの（同項2号）

が、同法の適用対象となります。

①がいわゆる個人のフリーランスを意味するものですが、②のように法人形態であったとしても、代表者が一人だけで、ほかに役員も従業員がいない、いわゆる「一人法人」の場合も、フリーランス法が適用されることとなります。

「事業者」、「従業員を使用」、「役員」という言葉の意味は、それぞれQ2-2、Q2-3、Q2-4を参照してください。

図表1　フリーランス法の適用範囲

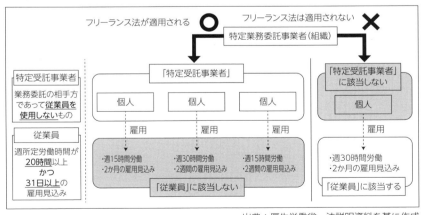

出典：厚生労働省　法説明資料を基に作成

2 業種の制限はありません

「業務委託」とは、事業者がその事業のために、フリーランスに対し、①物品の製造（加工を含む。）、②情報成果物の作成、または③役務の提供を委託する行為をいいます（法2条3項2号）。規制の対象となる業種の制限はありません。したがって、運送関係、システム開発・ウェブ作成関係、建設関係、デザイン関係など、あらゆる業種業態のフリーランスが適用対象となります。

一方で、既製品の売買など、「業務委託」以外の取引を行うフリーランスには、フリーランス法は適用されません。

事業者がその事業のために委託するものであれば、フリーランス法の適用となります。そのため、下請法では対象外であった、いわゆる自家利用役務（委託者が自ら用いる役務）の委託も含みます。例えば、税理士に、税務申告を委託する業務なども含まれることになります。

また、「業務委託」とは、あくまで「事業者」からフリーランスに対して行われるものを指しますので、消費者から業務を委託される場合には、フリーランス法は適用されません。

「事業者」とは

フリーランス法の適用対象となるフリーランスは、特定受託「事業者」であるとのことですが、「事業者」とはどういう意味ですか。

雇用契約を結んで働く人は「労働者」であり、「事業者」ではありません。会社の取締役や監査役は、会社との間では内部関係にすぎず「事業者」にあたりません。これらの人は、フリーランス法の適用はありません。

1　フリーランスはあくまで「事業者」です

　フリーランスはあくまで「事業者」です。フリーランス法は「事業者」と「事業者」の取引を適正化し、フリーランスの就業環境を整理するための法律です。

2　労働者として働く人は「事業者」ではありません

　フリーランス法が適用される「特定受託事業者」は、「事業者」である必要があります（法2条1項）。「事業者」であるフリーランスと業務委託契約を結んで働いてもらう場合にフリーランス法は適用されます。

　したがって、フリーランス法は、労働者として働いてもらう場合には適用はありません。そして、形式的には相手方と「業務委託契約書」を締結した場合であっても、実態として労働者だといえる場合は、フリーランス法ではなく、労働契約法などの労働関係法令の適用を受けます。この点はQ2-6を参照してください。

第2章　フリーランス法の適用範囲

3　会社の役員として働く人は「事業者」ではありません

　会社とその役員の間の関係は「委任」関係とされているので（会社法330条）、フリーランス法が適用される「業務委託」と似ているように思えます。しかし、会社の役員は、会社の組織として会社に組み込まれており、会社とは別の「事業者」とはいえないため、「特定受託事業者」に当たりません。したがって、会社の取締役や監査役には、フリーランス法の適用はありません。

【🖋コラム　業務委託】

　「業務委託」とは、事業者がその事業のために他の事業者に①物品の製造（加工を含む。）、②情報成果物の作成、または③役務の提供を委託する行為をいいます。

　①物品の製造（加工を含む。）における「委託」とは

　　　フリーランスに、給付に係る仕様、内容等を指定して物品の製造を依頼することをいいます。「委託」に該当するかどうかは、取引の実態に基づき判断され、契約の形態は問いません。

　②情報成果物の作成における「委託」とは

　　　フリーランスに、給付に係る仕様、内容等を指定して情報成果物の作成を依頼することをいいます。

　　なお、「情報成果物」とは、❶プログラム、❷映画、放送番組その他影像または音声その他の音響により構成されるもの、❸文字、図形もしくは記号もしくはこれらの結合またはこれらと色彩との結合により構成されるものをいいます。

　　具体的には以下のとおりです。

　　（具体例）

　　❶プログラム

　　　例：ゲームソフト、会計ソフト、家電製品の制御プログラム、顧客管理システム

　　❷映画、放送番組その他影像または音声その他の音響により構成されるもの

　　　例：テレビ番組、テレビCM、ラジオ番組、映画、アニメー

18

ション
　❸文字、図形もしくは記号もしくはこれらの結合またはこれらと
　　色彩との結合により構成されるもの
　　　例：設計図、ポスターのデザイン、商品・容器のデザイン、コ
　　　　　ンサルティングレポート、雑誌広告、漫画、イラスト
③役務の提供における「委託」とは
　　　フリーランスに役務の提供を委託することをいいます。「役務
　　の提供」とは、いわゆるサービス全般について労務または便益を
　　提供することをいいます。

第2章　フリーランス法の適用範囲

Q 2-3　「従業員を使用」とは

フリーランス法の適用対象となるフリーランスは、「従業員を使用」しない者であるそうですが、この「従業員を使用」とはどういう意味ですか？

▼ ▼

A　フリーランス法の「従業員」とは、①１週間の所定労働時間が20時間以上であり、かつ、②継続して31日以上雇用されることが見込まれる労働者をいいます。労働者派遣の派遣先として、この基準に該当する派遣労働者を受け入れる場合も該当します。同居の親族のみを使用している場合はフリーランス法の「従業員を使用」には含まれません。

▼ ▼

解説

1　「従業員を使用」するとは

フリーランスが「従業員を使用」していれば、「特定受託事業者」に当たりません。「従業員を使用」する場合とは、

①１週間の所定労働時間が20時間以上であり

かつ

②継続して31日以上雇用されることが見込まれる労働者

をいいます。

この基準は雇用保険の加入要件と同じです。なお、同居の親族を使用していても、フリーランス法でいう「従業員を使用」したことにはなりません。

「従業員を使用」とは

・週20時間以上の労働

・継続して31日以上の雇用

20

2 フリーランスが複数の事業を行っている場合

　フリーランスが、例えばコンサルタントを行いながら講師業を行うなど、複数の異なる事業を行っている場合もあります。そのうち一つの事業では従業員を雇用し、他の事業では従業員を雇用していない場合も考えられます。このような場合は、そのフリーランスが、ある事業で従業員を雇用している以上、「特定受託事業者」には当たらないことになります。その結果、そのフリーランスが行うすべての取引において、フリーランス法の適用を受けないことになります。つまり、取引ごとに検討するのではなく、当該フリーランスが、どんな事業であれ、従業員を雇用しているかどうかで判断されるのです。

第2章　フリーランス法の適用範囲

Q 2-4

「役員」とは

フリーランス法の適用対象となる「法人」は、一人の代表者以外に「役員」がいないことが条件となっていますが、この「役員」とはどのような者を指しますか。発注者はどのように確認すればよいのでしょうか。

▼▼▼▼▼▼▼▼▼▼▼▼▼▼▼▼▼▼▼▼▼▼▼▼▼▼▼▼▼▼▼▼▼▼▼▼

A

「役員」とは、取締役や監査役だけでなく、これに「準ずる者」を含みます。

▼▼▼▼▼▼▼▼▼▼▼▼▼▼▼▼▼▼▼▼▼▼▼▼▼▼▼▼▼▼▼▼▼▼▼▼

解説

1　「役員」の定義

　フリーランス法で「役員」とは、理事、取締役、執行役、業務を執行する社員、監事もしくは監査役またはこれらに準ずる者と定義されています（法2条1項2号）。

　まず、株式会社や有限会社の「取締役」「監査役」、一般社団法人や一般財団法人における「理事」「監事」、合名会社、合資会社または合同会社における「代表社員」「業務を執行する社員」などが、「役員」に当たります。

　さらに、これら「取締役」等に「準ずる者」も「役員」に含まれます。独禁法、金融商品取引法、不正競争防止法といった他の法令にも同様の文言がありますが、例えば独禁法においては、相談役、顧問、参与等の肩書で、事実上役員会に出席するなど会社の経営に実際に参画している人が、「準ずる者」に当たると解釈されています。

　以上のとおりですので、フリーランス法が適用される「法人」とは、もっぱら代表者一人で事業の運営を行い、実質的には一個人と同視できる者（法人化した一人親方等）を指すのです。

22

2　実務上の対応

　実務上の対応としては、法人化しているフリーランスに業務委託を行うに当たり、当該法人がフリーランス法の適用となるフリーランスに該当するか否かについては、登記事項証明書等の公表情報から、「取締役」等の有無が確認できるでしょう（判断基準時については**Q2-5**参照）。そして、上記のとおり、取締役等が存在しない場合であっても、厳密には「これらに準ずる者」が存在するとして、結果としてフリーランスに該当しない場合も想定されます。そのような人が存在するのかどうかを、どこまで調査するべきか問題になりますが、そのことの確認に労力を費やすよりも、フリーランス法に対応できるようにしておくことが重要であり、望ましいものと考えます。

図表2　役員とは

組　　織	役職名
株式会社 有限会社	取締役・監査役
一般社団法人 一般財団法人	理事・監事
合名会社 合資会社 合同会社	代表社員 業務を執行する社員

とこれに準ずる人（相談役・顧問・参与等経営に参画している人）

第2章　フリーランス法の適用範囲

**Q
2-5**

「特定受託事業者」に当たるか否かの基準時

フリーランス法の適用対象となる「特定受託事業者」に当たるかどうかは、「従業員」や「役員」の有無などで決まりますが、「従業員」や「役員」の有無は、どの時点で判断すればよいのでしょうか。

A

まず発注時点で、フリーランスが「特定受託事業者」に当たるかを判断します。この時点で該当しなければ、この取引では以降フリーランス法の適用はありません。発注時に該当する場合には、次にフリーランス法上の義務が課される時点であらためて「特定受託事業者」に該当するか判断します。

解説

1　発注時、フリーランス法上の義務が課される時点のそれぞれで「特定受託事業者」に当たるかが問題となります

　フリーランスとの取引の途中で、フリーランスが雇用する従業員が離職したり、反対に、途中から従業員を雇用したりする場合もあるでしょう。そのため、フリーランスとの取引のどの時点に従業員が雇用されているのか否かが問題になります。

　まず、発注時点で判断します。発注時に「特定受託事業者」でなければ、その取引では仮にフリーランス法上の義務が課される時に従業員を使用していなくても、フリーランス法は適用されません。

　そして、報酬の支払時や成果物を受領する時などのフリーランス法上の義務が課される時に、あらためてフリーランスが「特定受託事業者」に該当するかが問題となります。その時点でフリーランスが従業員を使用するなどして「特定受託事業者」でなければ、フリーランス

24

法は適用されません。

2　契約更新時の取扱い

契約が自動更新される場合に、最初に業務委託契約を締結した時点では、フリーランスが従業員を使用していたため特定受託事業者でなかったものの、自動更新する際には、フリーランスが従業員を使用しなくなったために特定受託事業者に該当するようになった場合には、どのように考えればよいのでしょうか。

そのような場合、契約が更新されたことにより、改めて業務委託があったものと考えられます。そのため、更新時に、相手方のフリーランスが特定受託事業者に該当することになっていた場合には、フリーランス法が適用されることになります。

実態が「労働者」である場合

Q 2-6 フリーランスと呼ばれていても、実態は従業員（労働者）と変わらない働き方をしている場合、フリーランス法は適用されるのでしょうか。

A フリーランスと呼ばれていても、実態として「労働者」と認められる場合、フリーランス法は適用されません。

解説

1 「労働者」とは

「労働者」とは、「職業の種類を問わず、事業又は事業所（中略）に使用される者で、賃金を支払われる者」（労基法9条）と定義されています。「使用される」といえるか（指揮監督下で働いたといえるか）という問題と、「賃金を支払」っているか（報酬が、指揮監督下で働いたことに対する対価といえるか）という問題の2つに分けることができます[1]。

指揮監督下で働いたといえるかどうかは、①仕事の依頼や業務従事の指示を断ることができるか（諾否の自由の有無）、②業務の内容および遂行方法について具体的な指示や管理を受けているか（業務遂行上の指揮監督の有無）、③勤務場所や勤務時間が決められ、管理されているか（拘束性の有無）、④他の者に業務をさせることができるか（代替性の有無）といった事情で判断します。

報酬が、指揮監督下で働いたことに対する対価といえるかということについては、例えば、欠勤分を控除したり、残業した場合に別の手当が支給されたりする場合には、報酬の性格が使用者の指揮監督の下

---

1 昭和60年12月労働省労働基準法研究会報告「労働基準法の『労働者』の判断基準について」

に一定時間労務を提供していることに対する対価と判断され、より「労働者」といいやすくなります。

このほか、業務に用いる高額な設備をフリーランスが自ら所有したり、著しく高額な報酬を得たりしているなど、顕著な事業者性があった場合や、他社の業務を行えない状況または困難な状況であるか（専属性の程度）、選考過程における取扱いが正規従業員と異なるかどうか、給与所得として源泉徴収がされているか、労災保険や雇用保険、健康保険や厚生年金保険が適用されているか、服務規律が適用されているかなどの事情を総合的に考慮して、実態として「労働者」か否かが判断されます。

重要なことは、契約書や発注書などの書面に「業務委託」という名称を使っているかどうかは、問題とならないということです。契約書に「業務委託契約書」と書いてあっても、実態が「労働者」であれば、「労働者」として扱われます。

2 実態として「労働者」に当たる場合、フリーランス法は適用されない

フリーランスが実質的に労基法上の「労働者」と判断される場合には、労働関係法令が適用され、フリーランス法は適用されません。

もっとも、現実には、フリーランスが労基法上の「労働者」といえるかどうか、判然としないケースが多く発生します。発注者の立場としては、実態は「労働者」なのにあえて業務委託として扱うことは控えるべきです。形式的には業務委託契約で働くフリーランスであっても、実態が「労働者」であれば、「偽装フリーランス」として、割増賃金、労働保険・社会保険の保険料の負担などが発生しますので注意が必要です。

副業・兼業の場合

Q2-7 本業では労働契約を締結した従業員として働いていますが、副業・兼業としてフリーランスとして働いている場合、このフリーランスにフリーランス法は適用されるのでしょうか。

A 本業では労働者として働きながら、副業・兼業でフリーランスとして仕事をする場合にも、副業・兼業で行う取引ごとに判断して、「特定受託事業者」に該当する限り、フリーランス法が適用されます。

解説 昨今、本業として、会社員として働きながら、副業・兼業として他の仕事にも就いている方が増えています。

フリーランス法における「特定受託事業者」の定義は、Q2-1 のとおりですが、平たくいえば、「業務委託を受けて一人で仕事をしている場合」には、「特定受託事業者」に該当します。本業との間では労働契約を締結して「労働者」と働いている場合であっても、フリーランスとして業務委託を受けて働いている副業・兼業との関係では「特定受託事業者」として、フリーランス法の対象になります。

【コラム　副業・兼業】

副業・兼業とは、二つ以上の仕事を掛け持つことをいいますが、法令などで明確に定義された用語ではありません。副業は、本業との対比で使われる用語です。

副業・兼業は、企業に雇用される形で行うもの（正社員、パート・アルバイトなど）、自ら起業して事業主として行うものなど、さまざまな形態があります。

第2章 フリーランス法の適用範囲

2 特定業務委託事業者と業務委託事業者

Q 2-8 フリーランス法が適用される「発注者」

フリーランスに業務委託した発注者は、どのようなときに
フリーランス法の適用を受けますか。

▼▼▼▼▼▼▼▼▼▼▼▼▼▼▼▼▼▼▼▼▼▼▼▼▼▼▼▼▼▼▼▼▼▼▼▼▼▼

A 契約条件を明示する義務（法3条）は、従業員や二人以上
の役員がいるかいないかにかかわらず全ての発注者に適用
されます。その他の規制は、従業員や二人以上の役員がい
る発注者にのみ適用されます。

▼▼▼▼▼▼▼▼▼▼▼▼▼▼▼▼▼▼▼▼▼▼▼▼▼▼▼▼▼▼▼▼▼▼▼▼▼▼

解説 フリーランス法は、「組織」として業務委託を発注する
事業者と「個人」として業務委託を受注するフリーランス
との間に、交渉力や情報収集力などに格差があり、「個人」
たるフリーランスが取引上弱い立場にあることを踏まえて、取引の適
正化等を図る趣旨で設けられました。そのため、フリーランス法は、
発注者に従業員や二人以上の役員がいるかいないか（「特定業務委託
事業者」か、「業務委託事業者」に過ぎないか）に応じて、その規制
内容・適用の有無を区別しています。さらに、業務委託契約の期間の
長さによって適用される規制もあります。

まず、フリーランス法では、第3条の契約条件の通知義務は、従業
員または役員の有無を問わず、フリーランスに業務委託をする「全て」
の事業者に適用があります（法2条5項）。つまり、フリーランスであっ
ても、他人に業務を委託するときは、フリーランス法3条の通知義務
（3条通知という。 Q3-8 参照）が発生します。

次に、従業員や役員がいる発注者（これを「**特定業務委託事業者**」
といいます。）は、報酬の支払期限（法4条）、募集情報の的確表示（法

29

12条）、ハラスメント対策に係る体制整備（法14条）といった規制の適用を受けます。

　さらに、特定業務委託事業者とフリーランスの業務委託契約が一定の期間継続している場合は、上記規制に加えて、受領拒否等の禁止行為（法5条）、育児介護等の配慮（法13条）、中途解除等の予告に関する規制（法16条）の適用を受けます。

第2章　フリーランス法の適用範囲

3 実務対応

Q 2-9 フリーランス法が適用されるか否か確認する方法

フリーランスに発注する際に、そのフリーランスが「特定受託事業者」に当たるかどうかの確認は、どのように確認すればよいですか。

▼ ▼

A 取引の相手方が「特定受託事業者」に当たるかどうかを確認する労力をかけるよりは、相手方との取引でフリーランス法を守ることを心掛けるほうが、発注者にとってもよい結果をもたらすでしょう。

▼ ▼

解説 　取引の相手方のフリーランスが、従業員を使用していたり、二人以上の役員がいたりすると、「特定受託事業者」に当たらないことになって、フリーランス法の適用を受けません（**Q2-1**〜**Q2-4**参照）。そのため、フリーランスとの最初の契約時に、発注者とフリーランスにとって過度な負担とならず、かつ、記録が残る方法で確認することが考えられます。具体的には電子メールやSNSのメッセージ機能等を用いることが挙げられます。相手方が法人の場合には、商業登記（履歴全部事項証明書等）の提出を求め、役員の人数等を確認することができます。

　もっとも、従業員を使用しているかどうか、二人以上の役員がいるかどうか、フリーランスに申告させたとしても、その申告内容が本当に正確かどうか外部から調べることは困難です。仮に、フリーランス法に違反することになってしまった場合に、フリーランスの申告が誤っていたとしても、フリーランス法に違反した状態を是正しなければなりません。そのため、行政からの指導・助言の対象となる可能性

第2章　フリーランス法の適用範囲

はあります。

　大事なことは、取引先のフリーランスが「特定受託事業者」に当たるかどうかを問わず、広く個人を含む零細事業者との取引をする場合に、フリーランス法に対応できるようにしておくことです。

　発注者に、取引の相手方が従業員を使用する者であるか、二人以上の役員がいるかを確認する義務はありませんが、相手方が「特定受託事業者」である以上は、フリーランス法を遵守する義務はあるのです。

　フリーランスとの取引では、フリーランス法を守ることを心がけることに注力してください。

第3章

フリーランス法の解説と
実務対応

第1節 ◆ フリーランス募集時の対応

第2節 ◆ 契約締結時の対応

第3節 ◆ 報酬支払

第4節 ◆ 禁止行為

第5節 ◆ ハラスメント・妊娠・出産・育児・介護

第6節 ◆ 契約の解消

第3章　フリーランス法の解説と実務対応

第**3**章　フリーランス法の解説と実務対応

第1節 ◆ フリーランス募集時の対応

1　的確表示義務

Q 3-1　フリーランス募集の際の義務

発注者は、フリーランスを募集する際、フリーランス法上、どのような義務を負いますか。

▼▼▼▼▼▼▼▼▼▼▼▼▼▼▼▼▼▼▼▼▼▼▼▼▼▼▼▼▼▼

A　募集情報を広告等に掲載する場合には、虚偽の情報や誤解を生じさせる情報を掲載してはいけません。また、正確かつ最新の情報を掲載する義務を負います。

▼▼▼▼▼▼▼▼▼▼▼▼▼▼▼▼▼▼▼▼▼▼▼▼▼▼▼▼▼▼

解説　**1　的確表示義務の内容とその目的**

　　フリーランスを募集する事業者は、新聞・広告やウェブ上等に掲載する一定の募集情報について、虚偽の表示や誤解を生じさせる表示をしてはいけません。またその情報は正確かつ最新の内容を掲載しなければいけません（法12条）。これを的確表示義務といいます。的確表示義務が課される具体的な表示事項は **Q3-3** を、虚偽の表示や誤解を生じさせる表示の具体例は **Q3-4** をご参照ください。

　この規定は、広告等に掲載されたフリーランスの募集情報と実際の取引条件が異なることにより、

①その募集情報を見て募集に応じたフリーランスと発注者との間で取引条件を巡るトラブルが発生したりすること

34

②フリーランスがより希望に沿った別の業務を受注する機会を失ってしまったりすること

を防止するために設けられました。

的確表示義務に違反した場合、フリーランスが厚生労働省所管の窓口に申出する可能性があります。申出を受けた行政機関は、申出内容を踏まえ、発注者に対して指導・助言等の措置や勧告を行うことがあります。発注者が勧告に従わない場合には行政機関は命令、公表を行うことがあります。命令違反の場合には刑事罰を受けることもあります。詳細は、**Q3-6** をご参照ください。

2　募集に応じたフリーランスへの望ましい対応

このように発注者は、一定の募集情報を掲載する場合には、的確に表示する義務を負うことになります。しかし、的確に表示する義務を負う募集情報を全て掲載する義務があるわけではありません。

しかし、**Q3-5** で述べるようなトラブルを防止するためにも、発注者の側で、業務を受託しようとするフリーランスに対して、できるだけ予定している契約条件を明示しておくことが望ましいといえます（指針第2の5）。

実際には、募集に応じて応募してきたフリーランスとの間で、募集情報とは異なる条件で契約に至るケースもあり得ます。このような場合は、トラブルを防止するために発注者からフリーランスに対して、募集内容と異なる契約内容を丁寧に説明し、フリーランスとの間の認識の齟齬をなくすことが重要です。当事者間の合意に基づき、募集情報から実際の契約条件を変更することとなった場合は虚偽の表示には該当しません（指針第2の2（2））。実際に起こっているトラブルの内容やその対応については**Q3-5**、**Q3-7** をご参照ください。

第3章　フリーランス法の解説と実務対応

Q 3-2 的確表示義務が課される募集方法

発注者に的確表示義務が課されるのは、どのような場合でしょうか。

▼▼▼▼▼▼▼▼▼▼▼▼▼▼▼▼▼▼▼▼▼▼▼▼▼▼▼▼▼▼▼▼▼▼▼▼▼▼

A 新聞や雑誌などの広告だけでなく、自社ホームページ、テレビ、SNSのメッセージ機能、クラウドソーシングサービス等を利用して募集を行う場合等により、一つの業務委託に関して、二人以上の複数人に募集する場合に対象となります。

▼▼▼▼▼▼▼▼▼▼▼▼▼▼▼▼▼▼▼▼▼▼▼▼▼▼▼▼▼▼▼▼▼▼▼▼▼▼

1　対象となる募集情報の掲載・提供方法

解説　募集情報の的確表示義務（法12条）とは、1対1の関係で契約交渉を行う前の時点において、広告等により広くフリーランスの募集に関する情報を提供する場合に義務付けられるものです。

具体的には、①新聞、雑誌その他の刊行物に掲載する広告による場合、②文書を掲示したり配ったりする場合、③書面を交付する場合、④ファックスで送付する場合、⑤電子メールやLINE、X等のSNSのメッセージ機能等で送付する場合、⑥テレビやラジオ、インターネット上のオンデマンド放送や自社のホームページ、クラウドソーシングサービス等のデジタル（マッチング）プラットフォームサービスを通じて募集情報を掲載・提供等する場合です（法12条1項、厚労省規則1条、指針第2の1（3））。

あくまで「募集」する場合ですので、広く多数のフリーランスにアプローチをする場合に適用となります。そのため、特定のフリーランスを相手に業務委託を打診する場合は、その交渉過程で取引条件の確認や変更が可能であることから、的確表示義務の対象外となります。

36

一つの業務委託に関して、二人以上の複数人を相手に打診する場合には、的確表示義務の対象となります。

図表1　的確表示義務が課される募集の範囲

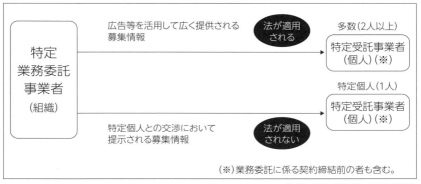

出典：厚生労働省　法説明資料

2　従業員を募集するつもりだった場合や企業に委託するつもりだった場合も対象となるか

　募集の内容から、もっぱら、①業務委託ではなく「労働者」を募集するものであったり、②フリーランスではなく、人を雇って事業をしている事業者に委託することが想定される募集であって、フリーランスに委託することが想定されない募集は、フリーランス法の的確表示義務の対象となりません（指針第2の1（2））。

　例えば、①正社員やパート社員等として雇い入れるための求人情報や、②委託内容や案件の規模、報酬額等を踏まえて明らかに企業のみに向けて出している募集情報であれば、フリーランス法の的確表示義務は適用されません。

　しかし、①正社員やパート社員等として雇い入れるための求人情報を表示しておきながら、実際にはフリーランスの募集であったという

第3章　フリーランス法の解説と実務対応

場合には、職業安定法違反になることがありますので、注意が必要です。

3　他の事業者によって誤った募集情報が掲載されている場合はどうなるか

　典型的にはクラウドソーシングサービスを利用する場合のように、他の事業者が運営している媒体に募集情報を掲載したり、他の事業者に広告等による募集を委託した場合に、当該他の事業者が的確ではない表示をしていることを発注者が認識したときは、これを放置してはなりません。発注者としては、そのことを認識したら、当該他の事業者に対し、情報の訂正を依頼するとともに、当該他の事業者が情報の訂正をしたかどうか確認を行わなければなりません。

　なお、情報の訂正を繰り返し依頼したにもかかわらず、当該他の事業者が訂正しなかった場合には、発注者が法律違反となることはありません（指針第2の2（3）、同3（3））。

第1節　フリーランス募集時の対応

Q 3-3

的確表示義務が課される表示事項

発注者がフリーランスを募集する際に、的確に表示しなければならない事項は、具体的にはどのような事項でしょうか。

A

業務内容、業務に従事する場所・期間・時間、報酬、契約解除、発注者、のそれぞれに関する事項を表示する際に、的確表示義務が課されます。ただし、これらの事項を全て表示することを義務付けるものではありません。

解説

1　対象となる募集情報の事項・内容

（1）的確表示義務の対象となる募集情報の事項は、①業務の内容、②業務に従事する場所、期間および時間に関する事項、③報酬に関する事項、④契約の解除（契約期間の満了後に更新しない場合を含みます。）に関する事項、⑤フリーランスの募集を行う者に関する事項、の5つです。

それぞれの具体的な内容は、以下のとおりです（法12条1項、令2条、指針第2の1（4））。

①業務の内容：

・求められる成果物や役務提供の内容

・業務に必要な能力または資格

・検収基準、不良品の取扱いに関する定め

・成果物の知的財産権の許諾・譲渡の範囲

・違約金に関する定め（中途解除の場合における違約金は、④に含まれます。）

等

②業務に従事する場所、期間および時間に関する事項：

39

・業務を遂行する際に想定される作業場所、納期、期間、時間
　等

③報酬に関する事項：

・報酬の額（具体的な金額ではなく、算定方法を示すことを含み
　ます。）

・支払期日、支払方法（振込み等）

・交通費や材料費等の諸経費（報酬から控除されるものも含みま
　す。）

・成果物の知的財産権の譲渡・許諾の対価

　等

④契約の解除（契約期間の満了後に更新しない場合を含みます。）
　に関する事項：

・契約の解除事由

・中途解除の際の費用・違約金に関する定め

　等

⑤フリーランスの募集を行う者に関する事項：

・発注者の名称や業績

　等

（2）また、フリーランスの募集情報を提供するに当たっては、それ
　がいつの時点で提供されたものであるのかを明らかにしなければな
　らないとされています（指針第2の4）。募集情報に、掲載日を記
　載することが必要になります。

2　必ず表示しなければならないのか

　このように募集時の的確表示義務は、広告等により広くフリーラン
スの募集に関する事項を提供する場合に、虚偽の表示を禁止する等の
的確表示を求めるものですが、対象となる募集事項を必ず明示しなけ

ればならないものではありません。あくまで、上記1（1）の①〜⑤の事項を募集情報に表示する場合には、的確に表示しなければならないことを定めるものです。したがって、対象となる募集情報のうち特定の事項を表示「しない」ことが的確表示義務違反となるものではありません。

もっとも、上記1（1）の①〜⑤の事項は、フリーランスを募集する際には表示することが一般的な事項となりますので、基本的には、可能な限り募集段階で表示しておくことが望ましいでしょう（指針第2の5）。

なお、上記1（2）のとおり、いつの時点での募集情報であるのかは表示しなければならないとされていますので、この点だけは、表示「しなければならない」事項として注意が必要です。

第3章　フリーランス法の解説と実務対応

「虚偽」「誤解」「正確・最新」の意味

どのような場合に、「虚偽の表示」や「誤解を生じさせる表示」をしたことになるのでしょうか。また、どのような場合に、募集情報が「正確」「最新」な内容と認められなくなるのでしょうか。

実際の報酬額よりも高額の報酬を表示したり、実際よりも高額であると一般的・客観的に誤解を生じさせる表示を行った場合や、募集を終了・変更したのに募集情報を放置した場合は、的確表示義務違反とされる可能性があります。

1　「虚偽の表示」または「誤解を生じさせる表示」とは

「虚偽の表示」に当たる場合とは、募集情報を提供するときに意図して募集情報と実際の就業に関する条件を異ならせた場合、実際には存在しない業務に係る募集情報を提供した場合等が挙げられます（指針第2の2（1））。

「虚偽の表示」の具体例として、

> ①実際に業務委託を行う事業者とは別の事業者の名称で業務委託に係る募集を行う場合
> ②契約期間について○か月と記載しながら実際にはその期間とは大幅に異なる期間の契約期間を予定している場合
> ③報酬額○万円と表示しながら実際にはその金額よりも低額の報酬を予定している場合
> ④実際には業務委託をする予定のない特定受託事業者の募集を出す場合

42

が挙げられます（指針第2の2（1））。

また、一般的・客観的に誤解を生じさせるような表示は、誤解を生じさせる表示とされます（指針第2の3（1））。この点については、以下の点に注意してください（指針第2の3（2））。

①関係会社を有する者が特定受託事業者の募集を行う場合、業務委託を行う予定の者を明確にし、当該関係会社と混同されることのないよう表示しなければなりません。
②特定受託事業者の募集と、労働者の募集が混同されることのないよう表示しなければなりません。
③報酬額等について、実際の報酬額等よりも高額であるかのように表示してはなりません。
④職種または業種について、実際の業務の内容と著しく乖離する名称を用いてはなりません。

2 「正確」および「最新」とは

募集情報を「正確」かつ「最新」の内容に保つために、以下のような措置をとる必要があります（指針第2の4）。

①募集を終了した場合または募集の内容を変更した場合には、情報の提供を速やかに終了し、または情報を速やかに変更しなければなりません。
②広告等により募集することを他の事業者に委託した場合には、当該事業者に対して当該情報の提供を終了するよう依頼し、または当該情報の内容を変更するよう依頼するとともに、他の事業者が当該情報の提供を終了しまたは当該情報の内容を変更したかどうかの確認を行わなければなりま

43

せん。

③募集に関する情報を提供するに当たっては、当該情報の時
点を明らかにしなければなりません。

　このように、フリーランスを募集した情報を、古い情報のままホームページや広告等に掲載したまま放置することのないように注意してください。

第1節　フリーランス募集時の対応

Q 3-5

募集情報と発注内容が異なる場合

募集時に表示していた情報とは異なる条件で契約（発注）した場合、的確表示義務違反となるのでしょうか？

▼▼▼▼▼▼▼▼▼▼▼▼▼▼▼▼▼▼▼▼▼▼▼▼▼▼▼▼▼▼▼▼▼▼▼▼▼▼

A

募集情報と実際の契約（発注）内容が異なる場合に、直ちに的確表示義務に違反するとまではいえません。ただし、募集情報と異なる契約条件で発注するのであれば、その旨をフリーランスにきちんと説明することが必要です。

▼▼▼▼▼▼▼▼▼▼▼▼▼▼▼▼▼▼▼▼▼▼▼▼▼▼▼▼▼▼▼▼▼▼▼▼▼▼

解説

1　的確表示義務違反となるか

　募集に応じてきたフリーランスとの間で、契約交渉を重ねるなどして、結果的に、募集情報から実際の契約条件を変更するということも実務上起こり得ます。

　指針（第2の2（2））には、発注者とフリーランスとの「合意」に基づき、広告等に掲載した募集情報から実際の契約条件を変更することとなった場合は、虚偽の表示には該当しないとされています。そのため、結果的に募集情報と実際の契約（発注）内容が異なったからといって、直ちに的確表示義務に違反するとまではいえません。

2　発注者として望ましい対応

　募集時に表示していた広告等の情報を見たフリーランスの立場からすれば、通常、広告等に記載された募集条件で受注を得られるものと期待して、応募をしているものといえます。そのため、発注者からフリーランスに対して十分な説明のないままに募集情報と異なる条件で発注がなされた場合には、のちに契約内容をめぐってトラブルが生じやすい傾向にあります。

　フリーランス・トラブル110番の相談窓口（**Q1-1**参照）においても、

45

募集時の広告で特に言及のなかった費用が天引きされ、実際の手取り額が募集時の広告に記載された報酬額よりも著しく低くなっているなど、募集情報と契約条件の相違について発注者からフリーランスに対する十分な説明がないことを要因とするトラブルが少なくありません。

そのため、発注者としては、やむを得ない事情により募集広告と異なる条件で発注せざるを得ない場合は、変更されている募集情報の事項や変更された理由をフリーランスに十分説明し、フリーランスとの間で認識の齟齬を可能な限り無くすことが、発注後のトラブルを未然に防止するために必要です。

<法違反となる例>
- 意図的に実際の報酬額よりも高い額を表示する。(虚偽表示)
- 実際に募集を行う企業と別の企業の名称で募集する。(虚偽表示)
- 報酬額の表示が、実際の報酬額等よりも高額であるかのように表示する。(誤解を生じさせる表示)
- 既に募集を終了したにもかかわらず、削除せず表示し続ける。(古い情報の表示)

<法違反とならない例>
- 当事者間の合意に基づき、広告等に掲載した募集情報から実際の契約条件を変更する。

出典:厚生労働省 法説明資料

第1節　フリーランス募集時の対応

的確表示義務違反の制裁

発注者が的確表示義務に違反すると、どのような制裁があるのでしょうか。

違反行為を受けたフリーランスが行政機関に申出を行った場合、行政機関は、申出内容を踏まえ、発注者に対して指導・助言等の措置、勧告を行うことがあります。そして、勧告に従わない場合には、命令、公表、罰金刑を受けることもあり得ます。

解説　発注者が募集情報の的確表示義務に違反した場合、フリーランスが厚生労働省の窓口に対して申出を行う可能性があります（法17条）。フリーランスからの申出を受けた都道府県労働局長は、その申出の内容に応じて、報告要請・立入検査（法20条1項）、指導・助言（法22条）、勧告（法18条1項）などの対応をとることが定められています。実際に違反している場合に、行政機関に対して報告を怠ったり、虚偽の報告をしたり、検査を拒んだり妨げたりすると、50万円以下の罰金を科せられます（法24条2号、25条）。

　発注者が正当な理由なく勧告に従わない場合、都道府県労働局長は、勧告された措置をとることを命令し（法19条1項）、命令したことを公表することもできます（同条2項）。命令にも違反した場合には、50万円以下の罰金に科せられます（法24条1号）。

　このように、的確表示義務に違反した場合には、徐々に強度の強い制裁が用意されています。万が一、都道府県労働局長から報告要請、立入検査、指導・助言などを受けた場合に、実際に違反行為があった場合には速やかに必要な是正措置をとることが、その後のより強度な

47

第3章　フリーランス法の解説と実務対応

制裁（特に、都道府県労働局長に命令を受けたことを公表され、あるいは刑事罰まで科せられる事態）を避けるために極めて重要です。

　また、フリーランスが、厚生労働省の窓口に発注者の的確表示義務違反を申出したとき、発注者はそれを理由に不利益取扱いをしてはいけません（法17条3項）。したがって、都道府県労働局長の調査、指導・助言等を受けたとしても、誰が申出したか犯人探しをすることをしたり、申出したフリーランスとの契約を打ち切ったり、報酬を減額したり、損害賠償を求めたり、ハラスメントを行ったりすることは許されませんので、絶対にやめてください。

第1節　フリーランス募集時の対応

2 実務対応

Q
3-7

フリーランス募集時におけるあるべき実務対応

発注者が的確表示義務に違反しないようにするには、どのような実務対応をする必要がありますか。

▼▼▼▼▼▼▼▼▼▼▼▼▼▼▼▼▼▼▼▼▼▼▼▼▼▼▼▼▼▼▼▼▼▼

A

締結する予定である契約書の内容に合わせて、募集情報を記載することを心がけましょう。やむなく募集条件と異なる発注条件を提示する場合、変更点をフリーランスに十分説明してフリーランスの理解を得ることが重要です。

▼▼▼▼▼▼▼▼▼▼▼▼▼▼▼▼▼▼▼▼▼▼▼▼▼▼▼▼▼▼▼▼▼▼

解説
　フリーランス・トラブル110番（**Q1-1**参照）の相談においては、募集情報と、実際の契約内容が異なっており、異なっている点について発注者から十分な説明がなく仕事に入り、入ってから募集情報と異なる契約であったことに気が付いてトラブルになる事例が多く発生しています。

　このようなトラブルを防ぐためにも、発注者側が実際に予定している契約条件を可能な限り募集情報に記載することを心がけるとよいでしょう。

　やむを得ない事情により募集情報から実際の発注条件を変更せざるを得ない場合には、**Q3-5**で述べたとおり、変更の経緯や変更内容をフリーランスに丁寧に説明し、フリーランスの理解を得た上で契約締結手続に進むことが重要です。

　募集が終了した情報は、速やかに削除したり、情報を更新したりするなどして、募集情報を正確かつ最新の内容に保つことにも注意をしてください。

　正社員やパート社員等として雇い入れるための求人情報を表示して

第3章　フリーランス法の解説と実務対応

おきながら、実際には業務委託契約の条件を提示すると職業安定法違反になることがあるので注意してください。

第2節　契約締結時の対応

第2節 ◆ 契約締結時の対応

1　契約締結

Q 3-8
契約条件明示義務（３条通知）の内容
発注者が負う発注時（契約締結時）の契約条件明示義務とは、どのような義務ですか。

A
フリーランスに業務を委託するすべての発注者は、フリーランスに対し、依頼する業務の内容や報酬等の契約条件を書面やメール等によって明示する必要があります。

解説

1　契約条件を明示する理由

　フリーランス法３条は、業務委託をした場合に直ちに発注者に取引条件を明示させることによって、発注者とフリーランスとの間のトラブルを未然に防止するために設けられました。

　この規定は、フリーランスに発注する「すべて」の発注者に適用があります。企業だけに適用されるのではなく、フリーランスがフリーランスに発注する場合にも適用されます。

　フリーランスにどのような仕事を委託するのか、フリーランスに支払う報酬の額がいくらか、いつまでに支払うのかということを、フリーランスが仕事をする前にあらかじめ明示しておくことが、トラブルを未然に防ぐために最も重要なポイントですので注意してください。

2　明示の方法

　発注者は、契約条件を書面またはメールなどの電磁的方法により明示しなければなりません（法３条１項本文）。どちらの方法によるか

51

第3章　フリーランス法の解説と実務対応

は発注者が自由に選択することができます。通知した内容は、書面に
は限られないことから、「3条通知」と呼びます。

　ただし、発注者が電磁的方法により明示した場合、フリーランスか
ら書面の交付を求められた場合には、フリーランスに書面を交付しな
ければなりません。

図表2　取引条件の明示義務（3条通知）の明示の方法

```
┌──────────────┐   書面での交付                           ┌──────────────┐
│              │ ─────────────────────────────────▶      │              │
│ 業務委託事業者  │      ↕  いずれの方法も選択することが可能        │ 特定受託事業者  │
│ （組織・個人）  │                                          │ （個人）      │
│              │   電磁的方法での提供                       │              │
│              │ ─────────────────────────────────▶      │              │
│              │   (電子メール、SMS、SNSのメッセージなど(※1))  │              │
└──────────────┘                                          └──────────────┘

（※1）許容される電磁的方法は、以下のとおり。
 ①電子メールその他のその受信する者を特定して情報を伝達するために用いられる電
   気通信により送信する方法
  （例：電子メール、SMS、SNSのメッセージ機能等のうち、送信者が受信者を特定して
    送信することのできるもの）
 ②電磁的記録媒体をもって調製するファイルに明示事項を記録したものを交付する方
   法
  （例：電子ファイルのデータを保存したUSBメモリやCD-R等を特定受託事業者に交
    付すること）
```

出典：厚生労働省　法説明資料

3　契約書を作成しなければならないか

　フリーランスとの取引は多種多様です。取引金額が多額なものや、
作業にかかる時間が長期間にわたるものもあれば、取引金額は数千円
であったり、作業にかかる時間も短時間で済んだりするものもありま
す。これらの条件によっては、契約書を作成しなくてもいいのではな
いかと思う場面もあると思います。

　契約書を作ることはもちろん大事なことですが、フリーランスとの
取引は多種多様ですので、取引によっては、簡潔な内容を定めれば十

52

分なものもあります。3条通知は、契約書という方法に限るものではありません。フリーランス法3条に定められた内容を、書面や電磁的方法により明示することによって、フリーランスとのトラブルが発生しないようにすればよいのです。大切なのは、口頭での契約をしてはいけないということです。

4　明示の時期

発注者は、業務委託をした場合、契約条件をフリーランスに直ちに明示することが求められています。「直ちに」とは、一切の遅れを許さないことを意味します（解釈ガイドライン第2部第1の1（2））。したがって、実務上、発注者としては、フリーランスへ業務委託する段階で契約条件を明示する必要があります。

もっとも、委託する際に、どうしてもフリーランスに給付を求める内容が決められない場合もあると思います。その場合は、どうしても決められない理由と、明示することができる時期を明示しておく必要があります。

明示事項

明示すべき契約条件とはどのような内容ですか。どのように記載したらよいのでしょうか。

給付・役務提供の内容、報酬の額、支払期限などの明示が必要です。ただし、これらの項目は、フリーランスに業務を委託する際に契約書や発注書等に通常記載するものばかりであり、発注者に過度な負担を強いるものではありません。

1 明示すべき契約条件とは

フリーランス法3条は、発注者に対し、フリーランスに業務を委託したときに、公取委規則で定める事項を明示しなければならないと規定しています。これを受けて、公取委規則1条は、発注者に対し、次の項目の明示を義務付けています。

図表3 明示すべき事項

> (1) フリーランスの給付の内容
> (2) 報酬の額
> (3) 支払期日
> (4) 発注者とフリーランスの商号や名称等
> (5) 業務委託をした日
> (6) 給付・役務提供の期日
> (7) 給付・役務提供の場所
> (8) 検査完了日（発注者が検査する場合）
> (9) 現金以外の方法で支払う場合の明示事項

（1） フリーランスの給付の内容

　フリーランスが３条通知の記載を見て、その内容を理解でき、発注者の指示に即した給付の内容または提供できる程度の情報を記載することが必要です。成果物を給付させる場合には、品目、品種、数量、規格、仕様等を明示する必要があります。

　また、委託業務に関して知的財産権が発生する場合、委託の目的の範囲を超えて知的財産権を委託者に譲渡したり使用許諾したりすることがあります。その場合には、「給付の内容」として、知的財産権の譲渡や許諾の範囲を明示する必要があります。

（2） 報酬の金額

　原則として、消費税を含むか否かを示した上で具体的な金額を明示する必要があります。ただし、作業時間で報酬を定めている場合など、業務を委託した時点では報酬額を具体的に明示することが困難なやむを得ない事情がある場合には、算定方法を明示することで足ります（解釈ガイドライン第２部第１の１（３）キ（ア））。もっとも、この算定方法は、具体的な金額が自動的に決まるものである必要があります。そのため、「委託者と受託者が協議して定めた金額」と記載しただけでは、報酬の算定方法を明示したことにはなりません。

　また、委託業務により発生した知的財産権を発注者に譲渡したり発注者が使用できるようにする場合には、その対価も「報酬」として明示する必要があります（解釈ガイドライン第２部第１の１（３）キ（イ））。

　さらに、発注者が委託業務の材料費、交通費、通信費などの「費用」を負担する場合には、費用を含んだ総額を把握できるように報酬額を明示する必要があります。もっとも、業務委託の時点で費用

の発生の有無や具体的な金額が決まっていない場合には、算定方法の明示で足ります。なお、費用の精算などについて明示がない場合、発注者は、業務委託したときに明示した報酬額のみを支払うという明示をしたものと扱われます（解釈ガイドライン第2部第1の1（3）キ（ウ））。

　実務上は、発注者、フリーランスのいずれも、業務委託に先立ち、費用等の精算の有無や範囲等について十分に協議し決定することが望ましいです。

（3）支払期日

　報酬の支払日のことです。具体的な日が特定できるような定め方をしなければいけません。

　なお、フリーランス法4条1項では、フリーランスへの報酬の支払期日は、発注者が給付を受けた日または役務提供を受けた日から60日以内で、かつ、できる限り短い期間にしなければならないと規定されています（**Q3-13**～**Q3-17**参照）。

　支払期日を定めなかった場合には、フリーランス法3条1項の明示義務違反となります。また、支払期日を定めなかった場合は、フリーランスからの成果物を受領した日や役務提供を受けた日が、直ちに支払期日になってしまいますので注意が必要です。

　なお、委託者が再委託した場合については、下記4をご参照ください。

（4）発注者とフリーランスの商号や名称等

　発注者とフリーランスを識別できる情報を明示する必要があります。

　当事者を識別する方法は、氏名または登記されている名称には限

第2節　契約締結時の対応

られていません。これは、フリーランスとの取引は、実際の氏名を開示しない形での取引が多いため、実際の氏名までは明示事項とはされなかったものです。

　もっとも、トラブル防止の観点から、発注者とフリーランスは、互いに業務委託の相手方の氏名または登記されている名称を把握しておくほうがよいでしょう。

（5）業務委託をした日

　発注者とフリーランスとの間で、業務委託をすることを合意した日をいいます。「合意をした日」とは、業務委託の契約を締結した日をいい、業務委託の開始日ではありません。

（6）フリーランスの給付を受領し、または役務提供を受ける期日

　納期や作業日のことです。期間を定める場合は、その期間となります。

（7）給付・役務を受ける場所

　フリーランスの給付を受領または役務の提供を受ける場所を示します。ただし、役務の提供委託において、委託内容に給付を受領する場所が明示されている場合や、給付を受領する場所の特定が不可能な委託内容の場合には、場所の明示は不要です。また、情報成果物を電子メールなどで提出を求める場合には、電子メールアドレスの明示で足ります。

（8）検査完了日（検査をする場合）

　検査を完了する年月日を示します。フリーランスにとって明確に理解できる内容で示す必要がありますが、検査完了年月日の代わり

57

に「納品物を納入した日の翌日から5日以内」と記載することも可能です。

（9）現金以外の方法で支払う場合の明示事項

　フリーランスに係る取引において現金以外の様々な支払手段が用いられる可能性があることから、現金以外の方法で報酬を支払う場合には、その支払方法を明示することが義務付けられたものです。しかし、報酬の支払は、できる限り現金によるものとし、報酬を現金以外の方法で支払う場合には、当該支払方法が、フリーランスが報酬を容易に現金化することが可能である等、フリーランスの利益が害されない方法でなければなりません。

2　業務委託したときに明示できない正当な理由がある場合

　発注者がフリーランスに業務を委託したときに明示すべき事項である上記1（1）～（9）のうち、内容を定めることができないことに正当な理由がある場合には、「内容を定めることができない理由」および「内容を定める予定の日」を明示する必要があります。また、発注者は、フリーランスと十分な協議をした上で、未定事項を速やかに定める必要があり、定めた後は、直ちにフリーランスに明示しなければなりません。

図表4 「直ちに」の例外：未定事項がある場合の対応

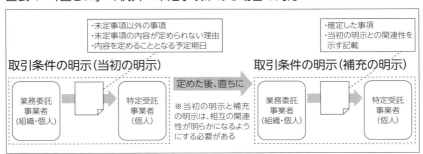

3　基本契約等で複数の取引の共通事項を定めた場合

　発注者は、原則として業務委託をした都度、上記1（1）〜（9）の事項をフリーランスに明示する必要がありますが、あらかじめ基本契約等で取引に共通して適用する事項を定めたときは、共通事項をその都度明示する必要はありません。ただし、個々の業務委託の際、上記1（1）〜（9）のどの事項を基本契約等で定めたかを明示する必要があります。また、共通事項を明示する際、当該共通事項が有効である期間も併せて明示する必要があります。

　発注者としては、年に1回、明示済みの共通事項の内容を自ら確認するほか、社内の担当者に周知徹底を図ることが望ましいです。

4　再委託の場合に明示する義務のある事項

　業務の全部または一部をフリーランスに再委託する場合にも、「給付受領日」から60日以内に支払わなければならないという規制の適用を受けてしまうと、発注者に過度な負担を強いる可能性があります。そこで、フリーランス法4条3項は、再委託の場合におけるフリーランスへの報酬の支払期日の例外を定めています。これを、「**再委託の特例**」といいます。詳細は、Q3-15をご参照ください。

第3章　フリーランス法の解説と実務対応

　この再委託の特例を適用するためには、以下の事項も明示する必要
があります（法4条3項かっこ書）。

①再委託であること
②元委託者の氏名や名称
③元委託業務の報酬の支払期日（元委託支払期日）

第2節　契約締結時の対応

Q3-10

発注時に契約条件を明確にできない正当な理由とは

フリーランスへ発注する時点では、フリーランス法が明示を求める契約条件を明示できない場合もあると思いますが、そのような場合には、どのように対応すればよいのでしょうか。

▼▼▼▼▼▼▼▼▼▼▼▼▼▼▼▼▼▼▼▼▼▼▼▼▼▼▼▼▼▼▼

A

業務委託の性質上、業務委託をした時点ではその内容を決定することができないと客観的に認められる理由（正当な理由）がある場合には、契約条件を明示しなくても問題ありません。ただし、内容が定められた場合には、直ちにフリーランスに明示しなければなりません。

▼▼▼▼▼▼▼▼▼▼▼▼▼▼▼▼▼▼▼▼▼▼▼▼▼▼▼▼▼▼▼

解説

1　正当な理由とは

　フリーランス法3条が求める明示すべき契約条件のうち、その内容を定められないことについて「正当な理由」がある場合には、業務委託の時点では明示できなくても、内容が定められた後に直ちに明示すれば足りることとされています（法3条1項ただし書）。

　「正当な理由」がある場合とは、業務委託の性質上、業務を委託した時点では当該事項の内容について決定することができないと客観的に認められる理由がある場合をいいます（解釈ガイドライン第2部第1の1（3）ケ（ア））。

　例えば、エンドユーザーからシステム開発を請け負った発注者が、開発業務の一部をフリーランスに再委託する場合において、発注者としては、人材確保の観点からフリーランスへの業務の委託を先行させたものの、エンドユーザーとの間でシステムの要件定義が確定しておらず、フリーランスに開発を委託するプログラムの内容や報酬等を決

61

定できない場合が考えられます。

　他にも、放送番組を制作するに当たり、制作業務の一部を放送作家等のフリーランスに委託する場合において、タイトル、放送時間、コンセプトについては決まっているものの、放送番組の具体的な内容が決定しておらず、委託内容や報酬の額を決定できない場合が考えられます。

　他方で、具体的な報酬の額の決定は困難でも、報酬の額の算定方法を定めることができる場合等には、「正当な理由」があるとはいえません。プログラム開発の場合を例にとると、フリーランスが時間単価を設定しており、稼働時間に時間単価を乗じることで報酬を算定することができる場合には、「正当な理由」があるとはいえません。

2　未定事項がある場合の対応

　発注者は、3条通知により明示する時点で未定事項がある場合には、未定事項以外の事項は明示するほか、未定事項の内容が定められない理由および未定事項の内容を定めることができる予定日を明示する必要があります。

　そして、発注者は、フリーランスと十分な協議をした上で、速やかに未定となっていた契約条件を定めなければならず、定めた後は、直ちに、当該未定事項をフリーランスに明示する補充の明示をしなければなりません。

第2節　契約締結時の対応

契約条件明示義務違反の制裁
発注者が契約条件明示義務に違反すると、どのような制裁がありますか。

A　違反行為を受けたフリーランスが行政機関に申出を行った場合、行政機関は、申出内容を踏まえ、発注者に対して指導・助言等の措置、勧告を行うことがあります。勧告に従わない場合には、命令、公表、罰金刑を受けることもあり得ます。

解説　発注者が契約条件明示義務に違反した場合、フリーランスが公正取引委員会や中小企業庁長官に対し申出を行う可能性があります（法6条1項）。申出を受けた公正取引委員会や中小企業庁長官は、その申出の内容に応じて、報告要請・立入検査（法11条）、指導・助言（法22条）、勧告（法8条1項）などの対応をとることとされています。報告を怠ったり、虚偽の報告をしたり、検査を拒んだり妨げたりすると、50万円以下の罰金を科せられます（法24条2号、25条）。

発注者が正当な理由なく勧告に従わない場合、公正取引委員会は、勧告された措置をとることを命令し（法9条1項）、命令したことを公表することもできます（同条2項）。命令にも違反した場合には、50万円以下の罰金に科せられます（法24条1号）。

このように、契約条件明示義務に違反した場合には、徐々に強度の強い制裁が用意されているため、万が一、公正取引委員会や中小企業庁長官から報告要請、立入検査、指導・助言などを受けたり、違反行為があったりした場合には速やかに必要な是正措置をとることが、その後のより強度な制裁（特に、公正取引委員会に命令を受けたことを

第3章　フリーランス法の解説と実務対応

公表され、あるいは刑事罰まで課せられる事態）を避けるために極め
て重要です。

　また、フリーランスが、公正取引委員会や中小企業庁長官の窓口に
発注者の契約条件明示義務違反を申出したとき、発注者はそれを理由
に不利益取扱いをしてはならないとされています（法6条3項）。し
たがって、公正取引委員会や中小企業庁長官の調査、指導・助言等を
受けたとしても、誰が申出したか犯人探しをすることはもとより、申
出したフリーランスとの契約を打ち切ったり、報酬を減額したり、損
害賠償を求めたり、ハラスメントを行ったりすることは許されません
ので、絶対にやめてください。

第2節　契約締結時の対応

2　実務対応

Q 3-12 契約締結時のあるべき実務対応

発注者が契約条件明示義務に違反しないようにするには、どのような実務対応をとる必要があるのでしょうか。

▼▼▼▼▼▼▼▼▼▼▼▼▼▼▼▼▼▼▼▼▼▼▼▼▼▼▼▼

A　明示が必要な事項については、あらかじめフォームを用意しておくとよいでしょう。社内で勉強会や研修を行うなど、フリーランス法の内容をしっかりと理解しておくことが重要です。明示が必要事項のうち、特にフリーランスの「給付の内容」は、フリーランスがその内容を見てその内容を理解でき発注者の指示に即した給付の内容を作成または提供できる程度の情報を記載することが重要です。

▼▼▼▼▼▼▼▼▼▼▼▼▼▼▼▼▼▼▼▼▼▼▼▼▼▼▼▼

1　3条通知のフォームを作っておく

解説　必要な事項の明示が漏れないようにする必要があります。そのため、明示義務がある事項について、「業務委託契約書」、「発注書」など、あらかじめ書面のフォームを作成しておき、個々の業務は、用意したフォームに必要事項を記入する方法で発注することにより、必要事項を漏れなく明示することができます。ご参考までに、3条通知の（**Q3-8**参照）フォームを以下のとおり例示します。

65

第3章　フリーランス法の解説と実務対応

【明示事項を網羅する発注書の例】パターン①

発注書

令和〇年〇月〇日

〇〇〇〇殿

〇〇〇〇株式会社

【品目・規格・仕様等】
　〇〇〇〇

【納期】
　令和〇年〇月〇日

【納入場所】
　当社本社〇〇課

【検査完了日】
　納品後〇日

【代金（税込）】
　〇〇〇〇円

【支払期日】
　〇月〇日納品締切、翌月〇日振込

【支払方法】
　全額現金払（口座振込による・支払期日が金融機関の休業日に当たる場合、前営業日に支払う。）

【明示事項を網羅する発注書の例】パターン②

発注書

発注No.000000
令和〇年〇月〇日

〇〇〇〇殿

下記のとおり発注いたします。

〇〇〇〇株式会社

品目・規格・仕様等
　〇〇〇〇

発注数量	発注単価	本体金額	消費税 (10%)	合計金額
〇〇個	〇〇円	〇〇〇〇円	〇〇〇円	〇〇〇〇円

納　　　期：令和〇年〇月〇日
納入場所：当社本社〇〇課
検査完了：納品後〇日
支払期日：〇月〇日納品締切、翌月〇日振込
支払方法：全額現金払（口座振込による・支払期日が金融機関の休業日に当たる
　　　　　場合、前営業日に支払う。）

2　基本契約がある場合

　実務上、取引に共通した事項を基本契約で定めた後に、会社内の各部署にて個々の業務をフリーランスに委託する場合も多いと考えられます。この場合でも、個々の業務を委託したときが「業務を委託したとき」となり、契約条件の明示が義務づけられます。

第3章　フリーランス法の解説と実務対応

　「契約書や発注者のフォームは会社の法務部門や弁護士がしっかりチェックをしたけれど、現場の担当者が口頭で業務を委託したために、明示義務違反となった」ということがないよう、現場の従業員を含めて全社的に社員研修や勉強会を行うなどして、会社内での業務委託・契約条件の明示のフロー、その他のフリーランス法の契約条件明示義務について、全社的に理解を深めておく必要があると考えられます。また、個々の業務の委託について、委託権限のある者をあらかじめ定める等、業務の委託のフローを整理しておくことも重要です。

　個別の発注の際に、基本契約の内容を引用する場合の記載例は以下のとおりです。

【基本契約の一部を引用する発注書の例】

発注書

令和〇年〇月〇日

〇〇〇〇殿

〇〇〇〇株式会社

【品目・規格・仕様等】
　〇〇〇〇

【納期】
　令和〇年〇月〇日

【納入場所】
　〇〇@〇〇.co.jp

【代金（税込）】
　〇〇〇〇円

【その他】
　検査完了日・支払期日・支払方法については、貴殿との間に令和〇年〇月〇日漬け業務委託基本契約書に定めるとおり。

---

3 どのような方法で明示する必要があるか

　契約条件の明示の方法は、書面の交付以外に、電子メール、ショートメッセージ、SNSのメッセージ機能等を使用した明示方法も認められています（法3条1項かっこ書、公取委規則2条）。なお、SNSのメッセージの場合はフリーランスを「特定して」メッセージを送らなければならないため、フリーランスのダイレクトメッセージで送付する必要があります。

　明示できる方法の選択肢が多いことは、便利である一方で、明示の有無や取引情報の管理が難しくなる面も否定できません。例えば、個々の取引ごとに異なる方法・媒体で明示をしていたり、個々の従業員がSNSのメッセージ機能で明示したり、電子メールのCCやBCCの機能を使わずに契約条件を明示した場合には、発注者である会社内で契約条件の明示義務を果たしたのかの管理が難しくなります。

　そのため、できるだけ社内では明示方法は統一するとともに、業務を委託するフロー、契約条件を明示するフローを明確に定めることが重要です。例えば、業務の委託権限のある人や契約条件の明示権限がある人を明確にする、明示方法は会社が指定した方法を用い、担当者だけでなく責任者も確認できる体制にする、また、違反した従業員に対する処分を明確にする等、制度を見直した上で整備する必要があると考えられます。

4 「給付の内容」はフリーランスが判るよう明確に

　3条通知で記載しなければならない事項のうち「委託する給付の内容」は、特に注意が必要です。この記載を明確に示しておかないと、フリーランス法5条が定める禁止行為に該当するか否かの判断の際、不利になる可能性があるからです。

　フリーランス法5条では、フリーランスに責任がないのに発注者が

第3章　フリーランス法の解説と実務対応

受領を拒否（法5条1項1号）、報酬の減額（同2号）、成果物の返品（同3号）、不当な給付内容の変更・やり直し（同条2項2号）をすることを禁止しています。

　フリーランスが成果物を納品する際に、発注者が求めたものと違ったということで受け取りを拒否したり、受け取ったとしても報酬の減額を求めたり、成果物の返品をしたりするほか、繰り返しやり直しを求めたりすることがあります。発注者の立場からすれば、フリーランスの仕事の内容が求めたものとは違ったという理由によるものなのですが、それが本当にフリーランスの責任により求めたものとは違ったものかが問われることになるのです。

　そもそも、3条通知でフリーランスに求める給付の内容が明確になっていないと、フリーランスの仕事の内容が求めたものと違っていたことがフリーランスの責任とされないことになりますので注意が必要です。

　給付の内容の記載は、フリーランスがその記載を見て、内容を理解でき、発注者の指示に即した給付の内容を作成または提供できる程度の情報を記載することが必要です。

　そして、業務委託をした当初から給付の内容を明確にすることができない場合でも、作業の進捗に応じて、フリーランスから給付の内容について問い合わせがあった場合には、迅速に、フリーランスに求める給付の内容に関する情報を提供することが重要です。

第3節　報酬支払

第3節 ◆ 報酬支払

1 報酬支払期日の規制

Q 3-13 報酬支払期日の規制とは

フリーランスに対する報酬の支払期日に規制が設けられているようですが、そのあらましを教えてください。

A 発注者は、フリーランスからの給付受領日・役務提供日から60日以内に報酬を支払わなければなりません。ただし、再委託（元委託者→再委託者→フリーランス）の場合、3条通知（**Q3-8**参照）でフリーランスに再委託であること等を明示をしていた場合には、再委託者は、元委託の報酬支払予定期日から30日以内にフリーランスに対し報酬を支払えば足りるというルールもあります。

報酬支払期日の規制は、「特定業務委託事業者」に適用されます。

解説

1 「60日ルール」とは

発注者がフリーランスに対し報酬を支払う期日は、発注者がフリーランスから給付を受領した日（給付受領日）または役務提供を受けた日（役務提供日）から60日以内に定める必要があります（法4条1項）。これを「**60日ルール**」と呼びます。詳細は、**Q3-14**をご参照ください。

2 再委託の特例とは

もっとも、再委託（元委託者→再委託者→フリーランス）の場合においては、再委託者がフリーランスに対し再委託であること等を明示

71

第3章　フリーランス法の解説と実務対応

したときには、再委託者は、フリーランスに対し、元委託者が再委託者に報酬を支払う予定の日（元委託支払期日）から30日以内に報酬支払日を定めれば足ります（法４条３項、公取委規則６条）。これを「**再委託の特例**」と呼びます。詳細は、**Q3-15**をご参照ください。

「再委託の特例」は、下請法（**Q1-2**参照）にはない新しいルールです。

3　従業員や二人以上の役員がいる発注者にのみ適用

報酬支払期日の規制は、３条通知とは異なり、フリーランス法に定める「特定業務委託事業者」、すなわち従業員や二人以上の役員がいる発注者に適用されます。「特定業務委託事業者」の意味は、**Q2-8**をご参照ください。

第3節　報酬支払

2　支払期日

Q 3-14

60日ルールとは

フリーランスに対する報酬の支払期日は、給付受領日・役務提供日から60日以内にしなければならないとのことですが、具体的な規制内容を教えてください。また、60日ルールに違反した場合、どうなってしまうのですか。

A

フリーランスに業務委託をした場合には、フリーランスから成果物を受け取った日、依頼した業務を行ってもらった最終日から60日以内に報酬の支払期日を設けて、その期日までに報酬を支払わないといけません。

また、報酬の支払期日を定めなかった場合は、即日支払とみなされてしまいますので、フリーランスに発注する場合は、報酬の支払期日を明確に定めることが必要です。

60日以内に支払わなかった場合、公正取引委員会から指導・助言、勧告、命令を受ける可能性があります。最終的には刑事罰も用意されています。

解説

1　60日ルールの内容

　発注者がフリーランスに業務委託をする場合は、「給付受領日」から起算して60日の期間内において、かつ、できる限り短い期間内で、フリーランスに対する報酬の支払期日を定める必要があります（法4条1項）。

　支払期日を定めなかった場合は、「給付受領日」が支払期日とみなされます。つまり、即日払いになってしまうのです。このように、支払期日を定めることも大変重要なポイントなので注意してください。

73

また、60日の期間を超える日を支払期日として定めた場合には、「給付受領日」から起算して60日を経過する日が支払期日とみなされます（法４条２項）。60日を超える支払期日を定めても意味はないことになります。これを「60日ルール」といいます。

図表５　60日ルールの内容

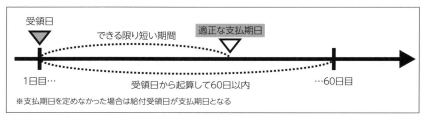

出典：厚生労働省　法説明資料を基に作成

2　「給付受領日」の定義

　発注者から委託を受けるフリーランスの業務は様々ですし、発注者の成果物の受け取り方も様々なものがあります。そのため、取引によって、「給付受領日」がいつになるかは様々になりますが、具体的には次のとおりとなります。

（１）物品の製造を委託した場合

　発注者が成果物を受け取った日となります。成果物が発注者のところに送られてくる場合には、成果物の検品が完了したか否かは問われない点に注意が必要です。これは、検査に合格していないからといって、不当に支払期日を遅くしないようにするためのものです。
　また、発注者のところに成果物が送られてくるのではなく、フリーランスのところに発注者が出向いて成果物を検品して受領するような場合は、フリーランスのところで検査を開始すると、その日が給

第3節　報酬支払

付受領日となります（解釈ガイドライン第2部第2の1（1）ア）。

（2）情報成果物の作成を委託した場合

　プログラムなどの情報成果物の作成をフリーランスに委託した場合は、CD-ROMやUSBなど、委託した情報成果物が記録されている電磁的記録媒体を受け取った日が給付受領日になります。メールなどの電気通信回線を通じて発注者が受信した場合は、その受信した日が給付受領日になります。

　なお、情報成果物は物品の製造とは異なり、受け取っただけでは、外形的には、その内容が委託した給付の水準に達したものなのか全くわかりません。そのため、情報成果物の作成を委託した場合にだけ適用される特別な取扱いがあります。事前に、当該情報成果物が一定の水準を満たしていることを確認した時点を給付受領日とする旨の合意がなされている場合には、その水準を確認した日が給付受領日となります。ただし、3条通知に明記された納期（**Q3-11**参照）において、当該情報成果物が発注者の下にある場合は、内容の確認が終わっているかどうかを問わず、当該納期が給付受領日となります（解釈ガイドライン第2部第2の1（1）イ）。

（3）役務の提供を委託した場合

　フリーランスに役務の提供を委託した場合は、委託した一連の役務の提供が終了した日が給付受領日になります。

　役務の提供を委託する場合は、物品の製造などと違って、定められた期間にフリーランスから定められた業務が連続して行われることがあります。例えば、物品の配送を一定の契約期間連続して提供される場合です。

　この場合、月単位の締め日（個々の役務が連続して提供される期

75

間が１か月未満の役務の提供委託の場合には、その期間の最終日）を給付受領日とすることができます（解釈ガイドライン第２部第２の１（１）ウ）。これを「**月単位の締切制度**」といいます。ただし、以下の３つの条件を全て満たすことが必要です。

---

①報酬の支払は、月単位の締め日までに提供した役務に対して行われることがあらかじめ合意され、そのことが３条通知に明確に記載されていること
②当該期間の報酬の算定方式（役務の種類・量の単価があらかじめ定められている場合に限ります。）が３条通知に明確に記載されていること
③フリーランスが連続して提供する役務が同種のものであること

　運送の業務を委託して、毎月末日を締め日にして、報酬の算定を、その月に配送した個数にあらかじめ設定した単価をかけて算出するような場合がこれに該当します。

（４）フリーランスの責任でやり直しがあった場合

　仮に、フリーランスに原因があって、納品された物品や、情報成果物が発注者の求めたものではなかった場合に、フリーランスへの報酬の支払の前にやり直しをさせた場合には、やり直しをさせた後の物品または情報成果物を受領した日（役務の提供委託の場合は、役務提供日）が給付受領日となります（解釈ガイドライン第２部第２の１（１）エ）。

第3節　報酬支払

3　「支払期日」の定め方

　支払期日は、具体的な日付が特定できるものでなければなりません。「毎月20日締め、翌月10日払い」や「○月○日」などといった定め方は認められます。

　しかし、「○月△日から□月○日までの間」、「納品後○日以内」などといった定め方は、具体的な日付が特定されていないため、支払期日として認められません。その場合、給付受領日が支払期日とみなされ、即日払いになってしまいますので注意が必要です。

4　定められた支払期日までに報酬を支払うことが大事

　発注者は、支払期日までに報酬を支払わなければなりません（法4条5項）。

　支払期日までに報酬を支払わない場合は、フリーランスが公正取引委員会や中小企業庁の窓口に対して申出を行う可能性があります（法6条）。フリーランスからの申出を受けた公正取引委員会や中小企業庁は、その申出の内容に応じて、立入検査（法11条）、指導・助言（法22条）、勧告（法8条）などの対応をとることとされています。事業者が正当な理由なく勧告に従わない場合、公正取引委員会は、勧告に係る措置をとることを命令し（法9条1項）、命令したことを公表することもでき（同条2項）、命令にも違反した場合には、50万円以下の罰金に科せられます（法24条1号）。

　フリーランス法では、支払期日を給付受領日から60日の期間内に支払うことが定められていますが、フリーランスとの契約で、60日の期間内よりも短い期間を支払日と設定している場合は、当然、その日までに支払わないと契約違反になります。

77

再委託の特例
別の発注者（元委託者）から受託した業務をフリーランスに再委託した場合には、元委託者から支払いを受けてから30日以内に支払ってよいというルールがあると聞きました。具体的な規制内容を教えてください。

 フリーランスに再委託を行う場合には、元委託支払期日から30日以内のできる限り短い期間内で報酬支払期日を定めてよいという60日ルールの例外です。

1　再委託の特例の内容

発注者が元委託者から委託を受けて、フリーランスに再委託する場合に、発注者は、再委託先のフリーランスに対し、元委託支払期日から30日以内の期間内において、かつできる限り短い期間において支払期日を定めてよいというルールがあります（法4条3項）。これを「**再委託の特例**」といいます。

60日ルールが「給付受領日」から起算するのに対し、再委託の特例が適用される場合は例外的に「元委託支払期日」から起算できるのが大きな違いです。この特例は、元委託者から委託を受けて、フリーランスに再委託する中小・零細企業が多く、元委託者からの入金がないとフリーランスへの支払ができない場合が多いことを配慮して設けられたものです。

ただし、この特例の適用を受けるためには、3条通知（Q3-8参照）に、一定の内容を明示しなければなりません。

2　3条通知に明示すべき事項

再委託の特例の適用を受けるために、3条通知に明示すべき事項は、

第3節　報酬支払

以下の①～③です。

> ①再委託であること
> ②元委託者の氏名や名称
> ③元委託業務の報酬の支払期日（元委託支払期日）

　これらの事項の明示を求めるのは、発注する業務が「再委託」に該当し、再委託の特例が適用される可能性があること、かつ、自らへの報酬がいつ支払われるのかを知らせるためです。

3　元委託者の支払が遅れたら

　「元委託支払期日」とは、あくまでも当初元委託者が報酬を支払うことを予定した日を意味するので、実際には元委託者の支払が「元委託支払期日」より遅れたとしても、フリーランスへの支払期日は変更されません。

　したがって、たとえ元委託者から発注者への支払がなかったり遅れたりした場合であっても、フリーランスへの支払が遅れてよいことにはなりませんので、その点は十分に注意してください。

4　再委託の特例に違反した場合

　再委託の特例が適用される場合、60日ルールが適用される場合と同様に、報酬支払期日までの支払義務が発生します（法4条5項）。これに違反した場合にどうなってしまうかは、**Q3-14**をご参照ください。

79

図表6　再委託の例外

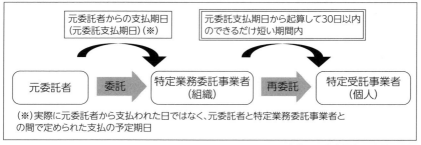

出典：厚生労働省　法説明資料

第3節　報酬支払

再委託と前払金

再委託の場合で、別の発注者から前払金を受領した発注者は、フリーランスにも前払金を支払うよう「適切な配慮」をしなければならないとされていますが、具体的に何をすればよいのでしょうか。

再委託先のフリーランスが業務の準備行為を行う場合などにおいて、特定業務委託事業者が元委託者から前払金の支払を受けたときは、フリーランスに当該前払金を支払うよう努めるなどの適切な配慮が必要です。

解説　フリーランス法4条6項は、特定業務委託事業者が、元委託者から前払金の支払を受けたときは、再委託先であるフリーランスに対しても、業務の着手に必要な費用を前払金として支払うよう努めるべきことを規定しています。

建設工事などの分野では、準備に係る着手金の支払が慣行として行われたりする場合があります。実際には、特定業務委託事業者ではなく再委託先のフリーランスがその準備行為を行うことも多く、そのような場合には、フリーランスに前払金を支払うことが適切であると考えられます。

ここでは「適切な配慮」が求められていますが、必ずしもフリーランスに前払金を支払わなければならないわけではありません。業務の着手に必要な費用が発生しない再委託の場合には、前払金を支払う必要はありません。

しかし、「資材の調達」が必要な場合など業務の着手に必要な費用が発生することが想定される場合において、前払費用を全く支払ってもらえないと、フリーランスとしては報酬の支払日まで業務を遂行す

81

ることが困難となってしまう可能性があります。

　したがって、特定業務委託事業者は、準備行為も含めてフリーラン
スに業務を委託する場合には、一定の必要な費用を前払金として支払
うよう努めるべきであると定められているのです。

第3節　報酬支払

3　実務対応

**Q
3-17**
報酬支払に関してのあるべき実務対応
発注者がフリーランス法を遵守して報酬支払期日を定め、実際に報酬を支払うためには、どのような実務対応をとる必要があるのでしょうか。

A
報酬支払規制（60日ルール・再委託の特例）を踏まえた契約書や発注書のひな型を明確に定めるとともに、それを社内に周知徹底させる必要があります。

解説
　報酬支払規制（60日ルール（**Q3-14**参照）・再委託の特例（**Q3-15**参照））をフリーランスとの間の多数の取引において遵守するためには、契約書、発注書その他の3条通知のひな型において、報酬支払期日を60日ルール・再委託の特例を守れるような文言をあらかじめ作成しておくとともに、フリーランスに対する報酬の支払手続について、社内規程やマニュアルなどで明確にルールを定め、それを社内に周知徹底させることが考えられます。

　報酬支払期日の定め方としては、①取引ごとに定める、②月単位の締切制度を設ける、のいずれも考えられるところですので、社内の取引の実情に応じて検討しましょう。

　なお、中小企業庁の「下請適正取引等の推進のためのガイドライン」では、ベストプラクティス（望ましい取引事例）として、社内での周知・教育や社内体制の整備に加えて、業務監査など取組状況のチェックもあげています。フリーランス法に関しても、現場任せにすることなく、外からのチェックを行うことが望ましいと考えられます。

83

第3章　フリーランス法の解説と実務対応

【🖐コラム　ベストプラクティス（望ましい取引事例）】

　「下請適正取引等の推進のためのガイドライン」とは、下請事業者と親事業者との間で適正な下請取引が行われるよう、国（中小企業庁）が策定したガイドラインです。業種ごとに策定されており、現在は、16業種について公表されています。

　具体的な内容としては、下請法等関係法令の解説、下請代金法に抵触するおそれのある留意すべき取引事例、望ましい取引事例（ベストプラクティス）等により構成されています。

　当該ガイドラインが紹介されている、望ましい取引事例（ベストプラクティス）の中には、フリーランス法への対応を検討する際に参考になるものが含まれています。

　報酬支払との関係では、以下のベストプラクティスが参考になるものと考えられます。

上記ガイドラインからの抜粋
★社内文書である「購買管理規程」の中に、当社が発注事業者となる下請取引に関わる遵守事項（下請法の遵守手順）をまとめ、関係者への教育を徹底するとともに、3か月に一回管理者による実態チェック（チェックリストを使用し、最終的に担当役員まで報告）と内部監査によるチェックにより、法の遵守を徹底させている（印刷）
★受発注に関する情報を電子的に交換する受発注EDIを活用することにより、発注書の記載項目が明確になり、記録保存が容易になるとともに、下請代金の支払いが正確かつ迅速に行われることが期待できる（情報サービス・ソフトウェア）
★支払遅延が生じないように、会計システム上でアラーム機能を付してうっかりミスのないように運用している。また、検収や受領期日は、一度入力したら管理者以外が変更できないように不正な修正ができないようにするとともに、下請事業者の属性などの注意事項を入力することにより法令遵守の徹底を図っている（自動車）

第4節　禁止行為

第4節 ◆ 禁止行為

1 禁止事項

Q 3-18　禁止行為の内容

フリーランス法5条の定める、発注者がフリーランスに対して行ってはならない行為とは、どのような行為ですか。

▼▼▼▼▼▼▼▼▼▼▼▼▼▼▼▼▼▼▼▼▼▼▼▼▼▼▼▼▼▼▼▼▼▼▼

A　発注者がフリーランスに対して行ってはならない禁止行為とは、①受領拒否、②報酬の減額、③返品、④買いたたき、⑤購入・利用強制、⑥不当な経済上の利益の提供要請、および⑦不当な給付内容の変更・やり直しの7つです。

▼▼▼▼▼▼▼▼▼▼▼▼▼▼▼▼▼▼▼▼▼▼▼▼▼▼▼▼▼▼▼▼▼▼▼

解説　**1　禁止行為のあらまし**

　フリーランス法5条は、発注者がフリーランスに対し行ってはならない行為を7つ列挙しています。禁止行為の概要は以下のとおりです（詳細はそれぞれ **Q3-21** ～ **Q3-27** 参照）。

①受領拒否（法5条1項1号）

　フリーランスに責任がないのに、フリーランスからの給付の受領を拒むこと。例えば、フリーランスが、業務委託の目的物を納品しようとしたところ、業績不振に伴い目的物が不要になったこと等を理由に、目的物の受領を拒むことがこれに当たります（解釈ガイドライン第2部第2の2（2）ア）。

②報酬の減額（同2号）

　フリーランスに責任がないのに、発注時に定めた報酬の額を減ずること。例えば、業績悪化等発注者側の一方的な都合により、報酬の額を減らすことがこれに当たります（解釈ガイドライン同イ）。

85

③返品（同3号）

　フリーランスに責任がないのに、フリーランスの給付を受領した後、返品すること。例えば、発注者が、業務委託の目的物を販売した際に、顧客から返品されたことを理由として、フリーランスに対して返品を行うことがこれに当たります（解釈ガイドライン同ウ）。

④買いたたき（同4号）

　発注の際に報酬額を決定するに当たって、発注した内容と同種または類似の内容に対して通常支払われる対価に比べて著しく低い額を不当に定めること。例えば、短い納期を指定したため、フリーランスの費用、負担が大幅に増加し、フリーランスから報酬引上げを求められたのに、通常の納期を指定した際と同じ報酬を一方的に指定することがこれに当たります（解釈ガイドライン同エ）。

⑤購入・利用強制（同5号）

　フリーランスの給付の内容の均一性を維持するため等といった正当な理由なく、フリーランスに対して発注者が指定する製品・原材料等を強制的に購入させたり、サービス等を強制的に利用させて対価を支払わせたりすること。例えば、フリーランスに対して、購入しなければ取引を打ち切る等として、発注者の指定する商品を購入させることがこれに当たります（解釈ガイドライン同オ）。

⑥不当な経済上の利益の提供要請（同条2項1号）

　発注者のために金銭、役務その他の経済上の利益を提供させることにより、フリーランスの利益を不当に害すること。例えば、フリーランスに対して、決算対策のための協賛金を強制的に負担させることがこれに当たります（解釈ガイドライン同カ）。

⑦不当な給付内容の変更・やり直し（同2号）

　フリーランスに責任がないのに、フリーランスの給付の受領前にその内容を変更させ、または受領後にやり直しをさせることにより、

第4節　禁止行為

フリーランスの利益を不当に害すること。例えば、フリーランスが仕様の明確化を求めたにもかかわらず、正当な理由もなく仕様を明確にしないまま、フリーランスに継続して作業を行わせたり、役務提供後に、発注内容が異なることを理由に、やり直しをさせたりすることがこれに当たります（解釈ガイドライン同キ）。

2　契約期間が1か月以上の業務委託であること

　これら禁止行為の規制は、「特定業務委託事業者」がフリーランスに発注する取引のうち、契約期間が1か月以上の取引（契約の更新により1か月以上継続して行うこととなる場合を含みます。）に適用されることになっています（法5条1項柱書、令1条。詳細は Q3-20 参照）。

第3章　フリーランス法の解説と実務対応

Q 3-19 禁止行為の規制が適用される発注者

フリーランスに対する禁止行為の規制が適用される発注者とは、どのような事業者ですか。

A

フリーランスに対する禁止行為の規制が適用される発注者は、フリーランスに対して業務委託をする発注者のうち、①従業員を使用して事業を行う個人、または、②従業員を使用して事業を行う、もしくは2人以上の役員がいる法人です。すなわち「特定業務委託事業者」に適用されます。

解説

1　禁止行為の規制は「特定業務委託事業者」に適用される

　禁止行為の規制は、フリーランス法に定める「特定業務委託事業者」と呼ばれる事業者に適用されます。「特定業務委託事業者」の意味は、Q2-8 をご参照ください。

2　クラウドワーカーなどが仲介事業者を介して業務を請け負った場合

　昨今、いわゆるクラウドソーシングにより業務を請け負うクラウドワーカーなど、仲介事業者を利用するフリーランスが増えてきています。仲介事業者を利用する場合に、フリーランス法の適用を受ける「特定業務委託事業者」とは、仲介事業者なのか、それともクラウドソーシングサービスを経由して業務を注文した注文者なのか、という問題があります。

　これは、要するに、フリーランスに業務を委託したのは誰か、という問題です。仮に、注文者が仲介事業者に対し業務を委託し、仲介事業者がさらにその業務をフリーランスに再委託したと考えられる場合

第4節　禁止行為

であれば、仲介事業者が、フリーランスに対して業務委託をする発注者になり、禁止行為の規制が適用されます。

　他方で、仲介事業者はあくまでもマッチングをするだけで、注文者が直接フリーランスに対し業務を委託していると考えられる場合であれば、注文者が、フリーランスに対して業務委託をする事業者になります。注文者が**Q2-8**で述べた条件を満たす限り、注文者に禁止行為の規制が適用されます。他方、仲介事業者には禁止行為の規制は適用されません。

　フリーランスに対して業務を委託したのが、仲介事業者なのか、それとも注文者なのかについては、具体的な契約内容や取引実態等を踏まえて検討する必要があります。例えば、配達員と飲食事業者の仲介を行うプラットフォームを営むような会社であっても、フリーランスに対して業務委託をしているような構造にある場合、禁止行為の規制が適用されることになります。

禁止行為の対象となる契約期間

フリーランス法5条1項の禁止行為の対象になるのは、一定期間以上の業務委託に限られるようですが、どのくらいの期間であればこれに当たるのでしょうか。

1か月以上の業務委託が対象となります。また、業務委託契約などの契約更新により、1か月以上の期間となる場合も対象となります。

1　1か月以上の業務委託が対象となる理由

フリーランス法5条1項の禁止行為の対象になるのは、1か月以上の期間以上継続して行われる業務委託とされています（令1条）。

この「1か月以上の期間」という長さを決める上では、契約期間が長くなればなるほど、発注者とフリーランスなどの受注事業者との間に経済的な依存関係が生じ、発注者から不利益な取扱いを受けやすい傾向にあること、実態調査等を踏まえ、フリーランス法の法令違反を防止するためには1か月とすることが妥当であること等が考慮されたものです。

2　1か月以上の契約期間の算定方法

契約期間の始期は、次のいずれかの早い時期をいいます。
①業務委託に係る契約を締結した日（3条通知により明示する「業務委託をした日」）
②基本契約を締結する場合には、基本契約を締結した日

契約期間の終期は、業務委託に係る契約が終了する日または基本契約が終了する日のいずれか遅い日をいいます。

第4節　禁止行為

　具体的には、３月１日に業務委託をし、委託された役務を１週間実施する場合であっても、役務提供の実施期間が１週間であるということだけでフリーランス法５条の対象外となるのではありません。

　たとえば、３月１日に業務委託をしていて、実際に役務提供するのは４月１日から４月７日だったという場合には、役務提供の終了日は、業務委託された日から１カ月を経過していますので、法５条の対象となります。このように考えますので、実際には相当多くの業務委託が法５条の対象になると思われます。

3　基本契約がある場合

　フリーランスとの間で、業務委託についての基本契約を締結する場合、基本契約が１か月以上の期間であれば、その基本契約に基づき行われる業務委託は禁止行為の規制の対象となります（解釈ガイドライン第２部第２の２（１））。例えば、個別の契約は数日単位のものであったとしても、基本契約が１か月以上の期間である場合には、禁止行為の規制対象となります。また、基本契約には、業務委託の給付内容の概要が定められている必要がありますが、契約の名称は何であっても構いません。

4　契約の更新により継続して行うこととなる場合

　契約の更新により継続して行うこととなる場合、業務委託の期間が通算して１か月以上の期間となるものも対象となります（法５条１項ただし書、令１条）。例えば、業務委託の期間が３週間である場合、同一当事者間で、同じ内容の契約を更に３週間更新することを合意した場合、業務委託の期間が通算して１か月以上となり、更新後の業務委託についてはフリーランス法５条１項の禁止行為の対象となります。

契約の更新により継続して行うこととなる場合とは、業務委託についての前後の契約が、

①契約の当事者が同一であり、その給付または役務の提供の内容が少なくとも一定程度の同一性を有し

かつ、

②前の業務委託についての契約または基本契約が終了した日の翌日から、次の業務委託についての契約または基本契約を締結した日の前日までの期間の日数が1か月未満であるもの

をいいます。

①のうち、契約の当事者が同一であることとは、前の業務委託と次の業務委託の契約の当事者が同一であることをいいます。

また、①のうち、給付または役務の提供の内容が少なくとも一定程度の同一性を有するかは、機能、効用、態様等を考慮要素として判断されます。その際は、原則として、日本標準産業分類の小分類（3桁分類）を参照し、前後の業務委託について給付等の内容が同一の分類に属するか否かで判断されます（解釈ガイドライン第2部第2の2（1）イ）。

このため、同じ発注者とフリーランスとの間で、再度、同種の業務委託を行う場合、前の契約と次の契約との間の空白期間が1か月未満であるか、1か月以上であるかにより、フリーランス法5条1項の規制の適用の有無が異なります。

第4節　禁止行為

図表7　業務委託の期間の始期と終期

ケース	始期	終期
単一の業務委託の場合	**業務委託に係る契約を締結した日**から ※具体的には、**3条に基づき明示する「業務委託をした日」**	**業務委託に係る契約が終了する日**まで ※具体的には、 ①3条に基づき明示する「給付受領予定日」 ②業務委託に係る契約の終了日 **のうち最も遅い日**
単一の基本契約(※)を締結している場合	基本契約を締結した日から	基本契約が終了する日まで
契約の更新により継続して行う場合	**最初の**業務委託等の始期から	**最後の**業務委託等の終期まで

(※)基本契約とは、業務委託に係る給付に関する基本的な事項についての契約を指す。名称は問わず、契約書の形式である必要はない。

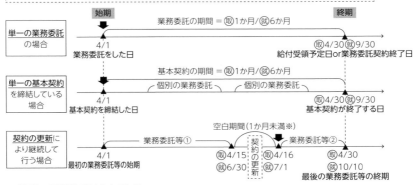

※「契約の更新」と認められるには、
①契約の当事者が同一であり、給付または役務提供の内容が一定程度の同一性を有すること
②空白期間が1か月未満であること
のいずれも満たす必要がある。

出典：厚生労働省　法説明資料（一部追記）

受領拒否の禁止

フリーランスからの給付の受領を拒むことが禁止されているそうですが、具体的にどのような行為が禁止されているのでしょうか。

発注者が、フリーランスに責任がないのに、フリーランスからの給付の受領を拒むことは禁止されています。発注者が発注を取り消したり、納期を延期したりして、納品物を受け取らないことも受領拒否に当たり、禁止されています。

1　受領拒否の禁止

フリーランス法は、フリーランスの「責めに帰すべき事由」がないのに、フリーランスの「給付の受領を拒むこと」を禁止しています（法5条1項1号）。フリーランスに責任がないのに、発注した物を納期に受け取らないことは禁止されています。発注の取消し、納期の延期などで納品物を受け取らないことも禁止されています。例えば、フリーランスに発注した物が不要になったからといって、発注者がフリーランスからの給付を拒むような場合です。

受領拒否は、フリーランスがせっかく作業をしたのに、発注者が受領してもらえなければ報酬を支払ってもらえない可能性が高まりますし、発注者が指定した仕様で作成しているので、他の取引に成果物を回せないなど、フリーランスの利益が大きく損なわれることから禁止されています。

2　禁止される具体的な行為

「受領を拒む」とは、フリーランスからの給付の全部または一部を「納期に」受け取らないことを意味します。

「納期に」とは、あらかじめフリーランスとの間で定めた納期を指しますので、「納期」の前に、まだ「納期の前だから」といって受け取りを拒むことは、受領拒否に当たりません。ただし、納期前に、発注者が「今後納品されても受け取らない」等と明言する等、あらかじめ受領を拒んでいる場合も、禁止される受領拒否に当たります。

また、フリーランスが納品する前に、発注者が業務委託契約を解除することにより、または、納期を延期することにより、フリーランスの給付の全部または一部を納期に受け取らないことも受領拒否に当たります。

なお、役務の提供委託については受領拒否の禁止ではなく、不当なやり直し（詳細は**Q3-27**参照）として禁止の対象になる可能性があります（解釈ガイドライン第2部第2の2（2）ア）。

3 フリーランスの「責めに帰すべき事由」とは

フリーランスの「責めに帰すべき事由」がない場合の受領拒否が禁止されますが、フリーランスの「責めに帰すべき事由」がある場合とはどのような場合でしょうか。

①フリーランスからの給付内容が、3条通知（**Q3-8**参照）に示された委託の内容と異なる場合

②フリーランスが、3条通知に明示された納期までに給付しなかったために、発注者において、その給付そのものが不要になった場合

に限って、フリーランスの「責めに帰すべき事由」に当たるものと考えられています。このようにフリーランスの「責めに帰すべき事由」は、限定的に考えられていますので注意が必要です。

具体的には、3条通知に委託内容が明確に記載されておらず、フリーランスの給付が委託内容と異なるか明らかでない場合や、業務委託契

約後に、発注者が恣意的に検査基準を厳しくすることで、従来の基準であれば合格だったものを不合格とした場合、取引の中でフリーランスから確認を求めた内容を了承し、その内容どおりにフリーランスが作成したのに委託した内容と合っていないといって受領を拒む場合などは、発注者は納品物の受領を拒むことは認められません。

　また、３条通知に納期が明示されていない場合や、発注者がフリーランスの事情も考慮せず無理な納期を一方的に決定していたような場合には、納期遅れを理由として受領を拒むことも認められません（解釈ガイドライン第２部第２の２（２）ア（ウ））。

4　３条通知でフリーランスに求める給付の内容を明確に示すことが重要

　このように、発注者がフリーランスからの給付の内容が求めていたものとは違っていたと評価する場合でも、３条通知で求める給付の内容が明確になっていないとフリーランスからの給付の受領を拒むことができませんので注意が必要です。

第4節　禁止行為

報酬減額の禁止
フリーランスに対する報酬の減額は禁止されているそうですが、具体的にはどのような行為が禁止されているのでしょうか。

発注者が、フリーランスに責任がないのに、発注時に決定した報酬を発注後に減額することは禁止されています。減額の名目や方法、金額には特に制限はなく、また報酬の不払も、ここで禁止される減額に含まれます。

1　報酬減額の禁止

　フリーランス法は、フリーランスの「責めに帰すべき事由」がないのに、「報酬の額を減ずること」を禁止しています（法5条1項2号）。発注時に決定した報酬を発注後に減額することは禁止されており、協賛金の徴収、原材料価格の下落等、名目や方法、金額にかかわらず、こうした減額は禁止されます。

　令和5年4月から令和6年3月までにフリーランス・トラブル110番（**Q1-1**参照）に寄せられた相談のうち、報酬の支払に関する相談は全体の29.7%を占め、そのうち報酬の全額不払が12.1％、支払遅延が7.6％、一方的減額が7.2％と続いており、報酬の減額はフリーランスとのトラブルが起こりやすい類型といえます。

2　フリーランスの「責めに帰すべき事由」

　フリーランスの「責めに帰すべき事由」がない場合の報酬減額は禁止されますが、フリーランスの「責めに帰すべき事由」がある場合とはどのような場合でしょうか。

　フリーランスの「責めに帰すべき事由」に当たり報酬を減額するこ

97

とができるものとは、委託内容に適合しないことや納期遅れなど、フリーランスに責任があるため受領拒否や返品をすることがフリーランス法違反とならない場合に、

①受領拒否や返品をして報酬を減額する場合

②発注者自らが手直しを行い、手直しに要した費用等客観的に相当と認められる額を減額する場合

③納期遅れ等による商品価値の低下が明らかな場合に、客観的に相当と認められる額を減額する場合

に限られます。これ以外の場合は、フリーランスの「責めに帰すべき事由」に当たりません（解釈ガイドライン第2部第2の2（2）イ）。

3　違約金

　配送業や運送業等を中心に、フリーランスが早期に仕事を辞めたことを理由として、違約金、（誤配や事故等に対する）罰金、車のリース代、ガソリン代等の名目で、発注者が報酬から一方的に相当額を控除するケースが多く見られます。こうした違約金や控除の名を借りて、報酬を減らすことが、フリーランスの「責めに帰すべき事由」がない報酬減額としてフリーランス法5条1項2号に当たるかが問題となります。

　例えば、契約上、特に契約の途中解除を禁じていない上に、辞めたときの違約金等が定められていないのに、フリーランスが仕事を辞める場面になって、損害賠償や違約金と称して一方的に報酬を減額することは、許されません。

　契約上違約金の存在が明記されている場合であっても、フリーランスに上記2で述べた「責めに帰すべき事由」がない限り、報酬減額は許されません。

4　費用

　材料費、交通費、通信費等、フリーランスが発注された仕事を行う
ために発生する費用について、発注時に発注者が負担すると明示して
いたにもかかわらず、これら費用を支払わなかった場合も、報酬の減
額に含まれ許されません。

返品の禁止

フリーランスが納品した物を受領後に返品することは禁止されているそうですが、具体的にはどのような行為が禁止されているのでしょうか。

発注者が、フリーランスに責任がないのに、フリーランスの給付を受領した後に返品することは禁止されています。

1　受領後の返品の禁止

　フリーランス法は、フリーランスの「責めに帰すべき事由」がないのに、フリーランスの「給付を受領した後」、フリーランスに「その給付に係る物を引き取らせること」を禁止しています（法5条1項3号）。返品はもちろん、買戻しを求めることも、返品と同様の効果を生じさせるため、禁止の対象となります。

　フリーランスからの給付の受領拒否と同様に、発注者のフリーランスへの委託内容は、発注者の指定する仕様等に基づいた特殊なものが多く、これを返品されることは、他社への転用が困難という点でフリーランスに与える不利益が大きいため、禁止されています。

2　フリーランスの「責めに帰すべき事由」

　フリーランスの「責めに帰すべき事由」がない場合の返品は禁止されますが、発注者からの返品が認められるような場合とはどのような場合なのでしょうか。

　フリーランスの「責めに帰すべき事由」があることを理由に返品できるような場合とは、①フリーランスの給付の内容が、委託した内容に適合していない場合であって、②返品することができる期間内であ

第4節　禁止行為

れば返品することができる場合に限られます。

（1）フリーランスの給付の内容が委託した内容に適合しない場合

　フリーランスの給付の内容が委託した内容に適合しない場合とは、そもそも委託した内容のとおり作成されていない不良品などのような場合をいいます。

　ただし、次のような場合には、フリーランスの責めに帰すべき事由によって委託した内容に適合しない場合とはいえません。

　①３条通知（**Q3-8**参照）の中にフリーランスへの委託内容がはっきりと明記されておらず、その内容と異なるかどうかが明らかではない場合や、検査基準を明確にしていない等により、フリーランスからの給付の内容が委託内容と適合していないことが明らかでない場合

　②発注後に恣意的に検査基準を厳格にすることで、従来の検査基準であれば合格だったものを不合格とする場合

　③給付に係る検査を省略する場合

　④給付に係る検査を発注者が行わず、かつ、その検査をフリーランスに書面または電磁的方法によって委任していない場合

（2）返品することができる期間

　フリーランスの給付の内容に直ちに発見することができる不具合等がある場合、返品をするのであれば、受領後速やかに返品しなければなりません。発注者が意図的に検査期間を延ばし、その後に返品することはできません。

　フリーランスの給付の内容に直ちに発見することができない不具合等がある場合であっても、給付の受領後6か月以内に返品しなければならず、6か月を超えた後に返品することは許されません。

101

ただし、フリーランスの給付を使用した発注者の商品について一般消費者に６か月を超えて保証期間を定めている場合には、その保証期間に応じて最長１年以内であれば返品することが認められます（解釈ガイドライン第２部第２の（２）ウ（イ））。

第4節　禁止行為

買いたたきの禁止
フリーランスに対する買いたたきが禁止されているそうですが、具体的にはどのような行為が禁止されているのでしょうか。

発注者が、フリーランスに支払う報酬額を、同種または類似の給付内容に対し通常支払われる対価（市価）よりも著しく低い額とすること（買いたたき）は禁止されています。

1　買いたたきを禁止する理由
発注者による買いたたきは禁止されています（法5条1項4号）。買いたたきとは、フリーランスの給付の内容と同種または類似の内容の給付に対し通常支払われる対価に比し著しく低い報酬の額を不当に定めることをいいます。

これは、発注者がフリーランスとの間で報酬の額を決定する際に、自らの優越的な地位を利用して、通常支払われる対価に比べて著しく低い額をフリーランスに押し付けることが、フリーランスの利益を損ない、経済的に圧迫することにつながることから禁止されたものです。

2　通常支払われる対価とは
通常支払われる対価とは、フリーランスの給付と同種または類似の給付について当該フリーランスの属する取引地域において一般に支払われる対価（市価）をいいます。

ただし、通常の対価を把握することができないかまたは困難である給付については、①従前の給付について単価で計算された対価に比し著しく低い報酬の額、②当該給付について主なコスト（労務費、原材料価格、エネルギーコスト等）の著しい上昇を公表資料から把握する

第3章　フリーランス法の解説と実務対応

ことができる場合において、据え置かれた報酬の額を著しく低い報酬の額とすることとされています（解釈ガイドライン第2部第2の2（2）エ（ア））。

3　「買いたたき」に当たるか否かの判断要素

「買いたたき」に当たるか否かは、主として、以下の①～④などの事情を勘案して総合的に判断されます（解釈ガイドライン第2部第2の2（2）エ（イ））。

> ①報酬の額の決定に当たり、フリーランスと十分な協議が行われたかどうかなど対価の決定方法
> ②差別的であるかどうかなど対価の決定内容
> ③通常支払われる対価と当該給付に支払われる対価との乖離状況
> ④当該給付に必要な原材料等の価格動向

報酬の額だけでなく、報酬の決定においてフリーランスと十分な協議が行われたかという点も判断要素となっている点に注意してください。

4　「買いたたき」の具体例

例えば、次のような方法で報酬の額を定めることは、買いたたきに該当するおそれがあるとされています（解釈ガイドライン第2部第2の2（2）エ（ウ））。

> ①継続的な委託を行い大量の発注をすることを前提としてフリーランスに単価の見積りをさせ、その見積価格の単価を

104

第4節　禁止行為

短期で少量の委託しかしない場合の単価として報酬の額を定めること

②フリーランスに見積りをさせた段階より給付または提供すべき役務が増えたのにもかかわらず、報酬の額の見直しをせず、当初の見積価格を報酬の額として定めること

③一律に一定比率で単価を引き下げて報酬の額を定めること

④フリーランスの予算単価のみを基準として、一方的に通常支払われる対価より低い単価で報酬の額を定めること

⑤短納期発注を行う場合に、フリーランスに発生する費用増を考慮せずに通常支払われる対価より低い報酬の額を定めること

⑥合理的な理由がないのに、特定のフリーランスを差別して取り扱い、他のフリーランスより低い報酬の額を定めること

⑦同種の給付について、特定の地域または顧客向けであることを理由に、通常支払われる対価より低い単価で報酬の額を定めること

⑧情報成果物の作成委託において給付の内容に知的財産権が含まれている場合、当該知的財産権の対価について、フリーランスと協議することなく、一方的に通常支払われる対価より低い額を定めること

⑨コスト上昇分の取引価格への反映の必要性について、価格の交渉の場において明示的に協議することなく、従来どおりに報酬を据え置くこと

⑩コストが上昇したため、フリーランスが報酬の引上げを求めたにもかかわらず、価格転嫁をしない理由を書面、電子メール等でフリーランスに回答することなく、従来どおり

105

に報酬を据え置くこと

⑪委託内容に対応するため、フリーランスにおける品質改良等に伴う費用が増加したにもかかわらず、一方的に通常支払われる対価より低い価格で報酬の額を定めること

第4節 禁止行為

購入・利用強制の禁止

フリーランスに対して、物の購入や、役務の利用を強制することは禁止されているそうですが、具体的にはどのような行為が禁止されているのでしょうか。

A

フリーランスに対して、給付内容の均一性を維持するためなどの正当な理由がある場合を除いて、発注者自ら指定する物の購入または役務の利用を強制することにより、フリーランスにその対価を負担させることは禁止されています。

解説

1 購入・利用強制の禁止とは

「正当な理由がある場合」を除き、フリーランスに対し、発注者の指定する物を強制して購入させ、または役務を強制して利用させることは禁止されています(法5条1項5号)。

これは、発注者が自社商品やサービス等をフリーランスに押し付け販売するとフリーランスに不利益になるため、正当な理由がある場合を除き禁止することとしたものです。

2 自己の指定する「物」または「役務」とは

「自己の指定する物」とは、原材料等だけでなく、発注者またはその関連会社等が販売する物であって、フリーランスに購入させる対象として特定した物が全て含まれます。また、「自己の指定する役務」とは、発注者またはその関連会社等が提供するものであって、フリーランスに利用させる対象として特定した役務が全て含まれます(解釈ガイドライン第2部第2の2(2)オ(ｱ))。具体的には、発注者が指定する「物」に限らず、保険、リース、インターネット・プロバイ

第3章　フリーランス法の解説と実務対応

ダ等のサービスも含まれます。

3　「強制して」とは

「強制して」購入させまたは利用させるとは、①物の購入または役務の利用を取引の条件とする場合、②購入または利用しないことに対して不利益を与える場合のほか、③発注者とフリーランスとの取引関係を利用して、事実上、購入または利用を余儀なくさせていると認められる場合も含まれます。

したがって、発注者が任意の購入または利用を依頼したと思っていても、フリーランスにとってはその依頼を拒否できない場合もあり得るので、事実上、フリーランスに購入または利用を余儀なくさせていると認められる場合には、フリーランス法違反となるおそれがあります（解釈ガイドライン第2部第2の2（2）オ（イ））。

発注者がフリーランスに対し、購入または利用しなければ、これからの発注を見直す等の発言をするような場合は、購入・利用強制に該当するおそれがあります。

4　「正当な理由」とは

発注者がフリーランスに対して「自己の指定する物を強制して購入させ、または役務を強制して利用させる」場合であっても、そのことに「正当な理由」がある場合はフリーランス法違反となりません。

例えば、①特定の性質の原材料等を使用することでしか発注者がフリーランスに依頼した契約の目的を達成することができないような場合には、発注者がフリーランスに対して当該特定の性質の原材料等の購入を求めることは許されます。また、②フリーランスが委託を受けた業務を履行するに際して、特定の役務の利用が必要不可欠といえるような場合にも、当該特定の役務の利用を求めることは許されます。

108

5 購入・利用強制の具体例

　例えば、次のような方法でフリーランスに自己の指定する物の購入または役務の利用を要請することは、購入・利用強制に該当するおそれがあります（解釈ガイドライン第2部第2の2（2）オ（ウ））。

---

①業務委託先の選定または決定に影響を及ぼすこととなる者がフリーランスに購入または利用を要請すること

②フリーランスごとに目標額または目標量を定めて購入または利用を要請すること

③フリーランスに、購入または利用しなければ不利益な取り扱いをする旨を示唆して購入または利用を要請すること

④フリーランスが購入もしくは利用する意思がないと表明した（または明らかにそのような意思がない）にもかかわらず、重ねて購入または利用を要請すること

⑤フリーランスから購入する旨の申出がないのに、一方的にフリーランスに物を送付すること

不当な経済上の利益の提供要請の禁止

フリーランスに対して不当な経済上の利益の提供を要請することは禁止されているそうですが、具体的にはどのような行為が禁止されているのでしょうか。

発注者が、フリーランスに対して、協賛金、協力金等、名目が何であれ、自己のために金銭、役務その他の経済上の利益を提供させることにより、フリーランスの利益を不当に害することは禁止されています。

1　不当な経済上の利益の提供要請

発注者がフリーランスに「自己のために金銭、役務その他の経済上の利益を提供させること」により、フリーランスの「利益を不当に害」することは禁止されています（法5条2項1号）。

発注者は、通常、フリーランスに対して自らが優越的な地位にあるため、発注者がフリーランスに対し、協賛金、協力金などの支払を求めたり、無償での協力を求めたりすることで、フリーランスの利益を不当に害することを禁止したものです。

2　「金銭、役務その他の経済上の利益」とは

「金銭、役務その他の経済上の利益」とは、協賛金、協力金等といった名目が何であれ、フリーランスへの報酬の支払とは独立して行われる金銭などの提供、作業への労務の提供等を含みます（解釈ガイドライン第2部第2の2（2）カ（ア））。

業務委託の内容とは無関係の労務の提供を強いることも禁止行為に該当する可能性があるので注意してください。

3 フリーランスの「利益を不当に害」するとは

　フリーランスが、発注者に対して「経済上の利益」を提供することが自らの報酬増加につながるなど、直接の利益になるものとして、自由な意思により提供する場合にはフリーランスの利益を不当に害するものであるとまではいえず、禁止されません。

　しかし、経済上の利益を提供することにより実際に生じる利益が不利益を上回り、将来の取引が有利になるというような間接的な利益に過ぎないような場合は認められません。

　例えば、協賛金の支払要請等のフリーランスの直接の利益とならない場合や、フリーランスが「経済上の利益」を提供することと、フリーランスの利益との関係を発注者が明確にしないで提供させる場合（フリーランスが経済上の利益を提供することがどのように報酬増加に直接つながるのかが不明な場合を指し、負担額および算出根拠、使途、提供の条件等について明確になっていない場合や、虚偽の数字を示して提供させる場合を含みます。）には、フリーランスの利益を不当に害するものとして問題となります（解釈ガイドライン第２部第２の２（２）カ（イ））。

4 知的財産権等の取扱い

　映像制作などのクリエイター関係に対する委託の場合、作品に対する著作権その他の知的財産権は原則フリーランスに帰属します。

　このような場合に、

①発注者がフリーランスに発生した知的財産権を業務委託の目的である使用の範囲を超えて無償で譲渡・許諾させること

②製造委託の場合に、業務委託時にフリーランスの給付の内容になかった知的財産権やノウハウが含まれる技術資料を無償で提供させること

第3章　フリーランス法の解説と実務対応

③フリーランスが知的財産権を有する情報成果物について、発注者
　が収益をフリーランスに配分しない、収益の配分割合を一方的に
　定める、または、フリーランスによる二次利用を制限すること
　等

といった対応をすることは、フリーランスの利益を不当に害する場
合、不当な経済上の利益の提供要請に当たります（解釈ガイドライン
第2部第2の2（2）カ（ウ））。

【❤コラム　著作権と著作者人格権】

　著作者の権利として、大きく分けて「著作権」と「著作者人格権」
の2つがあります。

　著作権は、著作者の「財産的な利益」を守るための権利です。著作
者人格権との対比で著作財産権とも呼ばれます。財産権ですので、譲
渡することもできますが、契約で著作権の譲渡を定めなければなりま
せん。発注者からの依頼に基づいてフリーランスが制作した場合で
も、著作権等は自動的にフリーランスに帰属します。発注者に著作権
等を譲渡するのであれば、契約でその旨を定めておかなければなりま
せん。

　著作者人格権は、社会的評価としての名誉や自己決定としての作者
の個人的なこだわりといった著作者の「人格的な利益」を守るための
権利です。著作者の一身に専属する権利であり譲渡はできないため、
契約で譲渡について定めることはできません。そのため、フリーラン
スとの合意により、権利不行使（「受注者は、発注者による成果物の
利用について著作者人格権を行使しません」等）の形で定めることに
なります。

第4節　禁止行為

Q
3-27

不当な給付内容の変更・やり直しの禁止

フリーランスに対する不当な給付内容の変更・やり直しは
禁止されているそうですが、具体的にはどのような行為が
禁止されているのですか。

▼▼▼▼▼▼▼▼▼▼▼▼▼▼▼▼▼▼▼▼▼▼▼▼▼▼▼▼▼▼▼▼▼

A

発注者が、フリーランスに責任がないのに、フリーランス
に生じる費用を負担せず、発注の取消し、内容の変更、給
付の受領後にやり直しなどをさせることは、禁止されてい
ます。

▼▼▼▼▼▼▼▼▼▼▼▼▼▼▼▼▼▼▼▼▼▼▼▼▼▼▼▼▼▼▼▼▼

解説

1　不当な給付内容の変更・やり直しの禁止

　フリーランスの「責めに帰すべき事由」がないのに、「給
付の内容を変更させ」、または給付の受領後（役務提供後）
に「給付をやり直させる」ことにより、フリーランスの「利益を不当
に害」することは禁止されています（法5条2項2号）。

　これは、発注者が、発注の取消し、発注内容の変更、やり直し、追
加作業などを強いると、フリーランスが必要のない作業を行うことに
なったり、それまでに行った作業などが無駄になったりし、これらに
要した費用等をすべてフリーランスが負担することになれば、フリー
ランスの利益が大きく害されてしまうために、禁止されたものです。

2　禁止される具体的な行為とは

　給付や役務の受領前に、①発注内容を変更して当初の委託内容と異
なる作業を行わせることや、②発注の取消しまたは契約解除をするこ
とは、「給付の内容を変更させ」ることに当たり、また、③給付や役
務の受領後に、追加作業を行わせることは、「給付をやり直させること」
に当たり、それぞれ禁止されます。

113

3 例外的に違反とならない場合

　給付内容の変更ややり直しは、フリーランスの「利益を不当に害」する場合に限り禁止されます。典型例は、給付内容の変更ややり直しに必要な費用を発注者が負担しないことです。逆に、必要な費用を発注者が全て負担するならば、フリーランスに負担は生じませんので、フリーランス法違反とはなりません。

　また、フリーランスに「責めに帰すべき事由」がある場合も、違反とはなりません。もっとも、「責めに帰すべき事由」は、

　①フリーランスからの要請により給付内容を変更とする場合

　②フリーランスの給付を受領する前にフリーランスの給付の内容を確認したところ、発注者が委託した内容と適合しなかったり、給付の受領後に委託した内容と適合しないことがわかった場合

　に限られます。

　なお、上記②の場合であっても、例えば、フリーランスから仕事の内容を明確にするよう求められたにもかかわらず正当な理由なく明確にしなかったとか、フリーランスが提案した委託内容を発注者が了承したのに後から委託内容と異なるなどといってやり直しをさせるような場合は、フリーランスに「責めに帰すべき事由」がなく、フリーランス法違反になりますので注意してください（解釈ガイドライン第2部第2の2（2）キ（エ））。

4 不当な給付内容の変更・やり直しの具体例

　以下の場合には、発注者が費用の全額を負担することなく、フリーランスの給付の内容に業務委託の内容と適合しないことがある等として、給付内容の変更またはやり直しを要請することは認められません（解釈ガイドライン第2部第2の2（2）キ（オ））。

①フリーランスの給付の受領前に、フリーランスから給付の内容を明確にするよう求めがあったにもかかわらず、発注者が正当な理由なく給付の内容を明確にせず、フリーランスに継続して作業を行わせ、その後、給付の内容が委託内容と適合しないとする場合

②取引の過程において、委託内容についてフリーランスが提案し、確認を求めたところ、発注者が了承したので、フリーランスが当該内容に基づき、製造等を行ったにもかかわらず、給付の内容が委託内容と適合しないとする場合

③業務委託後に検査基準を恣意的に厳しくし、給付の内容が委託内容と適合しないとする場合

④通常の検査で委託内容と適合しないことを発見できないフリーランスの給付について、受領後1年（ただし、発注者が顧客等に対してより長い期間責任を持つことを定め、フリーランスもこれに応じる期間について責任を持つことを定めたような場合を除きます。）を経過してから、給付の内容が委託内容と適合しないとする場合

第3章　フリーランス法の解説と実務対応

禁止行為に対する制裁

発注者がフリーランス法5条の定める禁止行為を行った場合、フリーランスがどのような対応をとることが考えられますか。その結果、発注者に対してどのようなペナルティがあるのでしょうか。

フリーランスは、当局に対し、発注者が違反している旨を申し出て、適切な措置を求めることができます。仮に、発注者が当局からの命令・検査に応じない場合、発注者は50万円以下の罰金が科されることがあります。

1　発注者が禁止行為に及んだとしてフリーランスが当局に申出をした場合

発注者がフリーランス法5条で定められている禁止行為（禁止行為の詳細はそれぞれ Q3-21 〜 Q3-27 参照）に及んだ場合、フリーランスは、公正取引委員会または中小企業庁長官に対し、その旨を申し出て、適当な措置をとるべきことを求めることができます（法6条1項）。

申出を受けた公正取引委員会または中小企業庁長官は、必要な調査を行い、その内容が事実であると認めるときは、適当な措置をとらなければならないこととされています（法6条2項）。具体的には、公正取引委員会または中小企業庁長官は、発注者に対し、①業務委託に関して報告をさせ、発注者の事務所その他の事業場に立ち入り、帳簿書類等を検査することができ（法11条）、②指導および助言をすることができます（法22条）。また、公正取引委員会は、③速やかにフリーランスからの給付を受領すべきことや、報酬の額から減じた額を支払い、フリーランスの給付に関わる物を再び引き取り、報酬の額を引

上げ、もしくはフリーランスに購入させた物を引き取るべきことその他必要な措置をとるべきことを勧告することができます（法8条3項〜5項。なお、中小企業庁長官は、発注者が禁止行為に及んだという事実が認められるときは、公正取引委員会に対し、適当な措置をとるべきことを求めることができます（法7条2項））。これらに加え、③の勧告を受けた発注者が、正当な理由がなく、当該勧告に係る措置をとらなかった場合、公正取引委員会は、④発注者に対して措置をとるべきことを命ずることができ、また、その旨を公表することができます（法9条）。

2　刑事罰が科される場合およびその内容

　上で解説した①の報告要請・立入検査に対し、発注者が報告をせず、もしくは虚偽の報告をし、または検査を拒み、妨げる等をした場合、または④の命令に違反した場合には、違反者に対して50万円以下の罰金が科されることがあります（法24条）。フリーランス法は、会社、法人の担当者として違反行為を行った個人（代表者、代理人、従業員等）だけでなく、そのような個人を使用する会社、法人に対しても50万円以下の罰金が科される可能性があります（法25条、いわゆる両罰規定）。

3　指導を受けたら誠実に対応。犯人さがしはダメ！

　このように、禁止行為をしてしまった場合には、徐々に強度の強い制裁が用意されているため、万が一、公正取引委員会や中小企業庁長官から報告要請、検査、指導・助言などを受けた場合に、実際に違反行為があった場合には、速やかに必要な是正措置をとることが、その後のより強度な制裁（特に、公正取引委員会に命令を受けたことを公表され、あるいは刑事罰まで課せられる事態）を避けるために極めて

重要です。

　また、発注者は、フリーランスが公正取引委員会または中小企業庁長官に対して申出をしたことを理由として、フリーランスに対し、取引数量を減らしたり、取引を停止したり、その他の不利益な取扱いをしてはならず、そのような取扱いをしたこと自体が勧告の対象となります（法6条3項、8条6項、7条1項）。したがって、公正取引委員会や中小企業庁長官の調査、指導助言等を受けたとしても、誰が申出したか犯人探しをすることはもとより、申出したことを理由として、フリーランスとの契約を打ち切ったり、報酬を減額したり、損害賠償を求めたり、ハラスメントを行ったりすることは許されませんので、絶対にやめてください。

第4節　禁止行為

2　実務対応

Q
3-29

禁止行為のあるべき実務対応

フリーランスに対する禁止行為の規制を踏まえて、発注者
は、実務上、どのように対応するべきでしょうか。

A

発注者が、フリーランスに業務委託を行う場合、ご自身が、
規制が適用される事業者に当たるかを確認する必要があり
ます。ご自身に規制が適用される場合には禁止行為を行っ
てはなりませんが、仮に規制が適用されないと考える場合
であっても、禁止行為を行うことは避けるべきです。また、
禁止行為に当たらないようにするためには、フリーランス
法3条による通知を適切に行うことも重要です。

解説

1　フリーランス法と下請法について

	下請法	フリーランス法
禁止行為	広い ※フリーランス法にない禁止行為として、有償支給原材料等の対価の早期決済（下請法4条2項1号）、割引困難な手形の交付（同2号）があるが、フリーランスの取引ではあまり例がない	狭い （が実質変わらない）
資本金基準	あり ※役務提供委託の場合、発注者の資本金が1,000万円未満である場合には下請法は適用されない	なし

119

第3章　フリーランス法の解説と実務対応

　実は、フリーランス法ができる前にも、下請法という法律でフリーランス法と類似する禁止行為を定めていました。下請法で禁止されている行為は、フリーランス法が禁止する７つの行為（法５条）のほか、有償支給原材料等の対価の早期決済（法４条２項１号）、割引困難な手形の交付（同２号）といった行為も禁止しており、ややフリーランス法よりも禁止の範囲が広いといえます。ただし、これは、フリーランスの取引ではあまり見かけない行為だからあえて書かれていないだけであり、禁止行為の範囲には、実際には違いはないと考えられています。

　ただし、下請法の適用の有無は、親事業者・下請事業者の資本金規模と取引の内容によって画されており（下請法２条１～８項）、例えば、親事業者の資本金が1,000万円未満である場合には同法が適用されない等、下請法によるフリーランスの保護には限界がありました。

　これに対し、フリーランス法は、資本金の額に関係なく、１か月以上の業務委託を行う「特定業務委託事業者」には（**Q2-8**参照）、７つの行為（法５条）を禁止しています。

　なお、執行ガイドラインは、フリーランス法と下請法のいずれにも違反する行為については、原則としてフリーランス法を適用するとし、例外として発注者が他に下請法のみに違反する行為も行っている場合には全体について下請法を適用することがあるとしています。

２　フリーランス法が適用されない場合でも…
ほんとはコワい「独占禁止法」

　では、発注者が「特定業務委託事業者」に該当しなかったり、１か月未満の短期の業務委託であるなどして、フリーランス法の適用がない場合、何をしてもよいかといわれれば、実はそうではありません。そこには、「独占禁止法」（独禁法）という落とし穴があります。

120

独禁法は、優越的な地位を濫用して一定の行為を行うことを禁止しており（独禁法２条９項５号）、この内容は、フリーランス法上の禁止行為と重なります。すなわち、独禁法上、優越的な地位を濫用して行う、受領拒否（同号ハ）、報酬の減額（同号ハ）、返品（同号ハ）、買いたたき（同号ハ）、購入・利用強制（同号イ、ハ）、不当な経済上の利益の提供要請（同号ロ、ハ）、不当な給付内容の変更・やり直し（同号ハ）はいずれも禁止されています。

したがって、フリーランスに業務委託を行う発注者としては、仮に契約期間が１か月未満の場合であっても、独禁法に違反する可能性もあるため、これらの禁止行為を行うことは可能な限り避けるべきです。

３　フリーランス法３条による通知を適切に行うことが重要

フリーランス法３条は、発注者が、フリーランスに対して業務委託をした場合に、直ちに通知するべき内容を定めていますが（詳細は **Q3-8**～**Q3-12**参照）、禁止行為に当たらないようにするためには、この通知を適切かつ具体的に行うことが極めて重要となります。

例えば、発注者が、フリーランスから求められても業務委託の対象である「給付の内容」（法３条１項）を明確にしなかった場合、後から委託内容と異なるなどといってやり直しをさせれば、フリーランスに「責めに帰すべき事由」がない、「不当な給付内容の変更・やり直し」としてフリーランス法５条２項２号に違反する可能性があります（詳細は **Q3-27**参照）。このような事態を避けるためにも、発注者は、フリーランス法３条による通知を行う際、適切かつ具体的な通知を行うよう心掛けないといけません。

第3章　フリーランス法の解説と実務対応

第5節 ◆ ハラスメント、妊娠・出産・育児・介護

1 ハラスメント対策義務

Q 3-30
ハラスメント対策義務
発注者が負うハラスメント対策義務とは、どのような義務ですか。

A
ハラスメントによりフリーランスの就業環境を害することのないよう必要な措置を講じる義務をいいます。発注者は雇用主として労働関係法令に基づき、講じているハラスメント対策と同様の対応をすればよいので、これまで整備した社内のツールを活用することで足ります。また、フリーランスがハラスメントの相談を行ったこと等を理由として不利益な取扱いをしてはなりません。

解説

1 ハラスメント対策とは

　ハラスメントは、フリーランスの尊厳や人格を傷つける行為として許されません。これにより引き起こされるフリーランスの就業環境の悪化、心身の不調を防ぐことは不可欠です。
　そこで、発注者は、法律上、次のような義務を負います。

---

①ハラスメントによりフリーランスの就業環境を害することのないよう、相談対応のための体制整備その他の必要な措置を講じること（法14条1項）
②フリーランスがハラスメントに関する相談を行ったこと等を理由として不利益な取扱いをしてはならないこと（法14条2項）

122

2 体制整備の詳細

　現在定められている厚生労働省の各ハラスメント指針においても、事業主（＝発注者）は、個人事業主（＝フリーランス）に対しても、ハラスメントによって就業環境が害されることのないように、必要な措置を講じることが望ましいとされています。

　これに対し、フリーランス法は、フリーランスの就業環境の整備を目的として、発注者がハラスメント対策として必要な措置を講ずることを法的義務として定められています。その詳細はフリーランス法15条に定める指針で明らかにされています。これまで講じているハラスメント対策と同様の対応をすればよいので、すでに整備された社内ツールがあればそれを活用することで足ります。

図表8　ハラスメント対策に係る体制整備義務

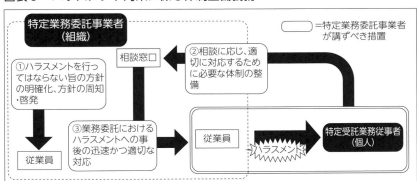

出典：厚生労働省　法説明資料

（1）発注者の方針等の明確化およびその周知・啓発

　発注者はハラスメントの内容と、ハラスメントを行ってはならない旨の方針を明確化するとともに、ハラスメントを行った者を厳正に対処する旨の方針および対処の内容を、就業規則その他の職場における服務規律等を定めた文書に規定しなければなりません。また、フリーランスと協力して業務を行う者を含む自社の労働者に対し、周知・啓発する必要があります。

（2）相談や苦情に応じ、適切に対応するために必要な体制の整備

　発注者はハラスメントを受けたと感じたフリーランスが相談できる相談窓口をあらかじめ定め、フリーランスに周知することが必要です。

　相談窓口の担当者は、フリーランスの相談に対し、その内容や状況に応じ適切に対応できるようにする必要があります。

　フリーランスが萎縮するなどして相談を躊躇する例もあるため、相談窓口においては、ハラスメントが現実に生じている場合だけではなく、その発生のおそれがある場合や、ハラスメントに当たるか否か微妙な場合であっても、広く相談に対応し、適切な対応を行う必要があります。

（3）ハラスメントに対する事後の迅速かつ適切な対応

　発注者はハラスメントがあったと疑われる場合には、事実関係を迅速かつ正確に把握する必要があります。他の事業者やその従業員がセクハラを行った場合でも、その他の事業者に事実関係の確認に協力を求める必要があります。

　ハラスメントが生じた事実が確認できた場合は、速やかに被害者に対する配慮のための措置を適正に行うとともに、ハラスメントを

犯した者に対し、懲戒処分や配置転換等の措置をとり、改めてハラスメントに関する方針を周知・啓発するなど、再発防止に向けた措置を講じる必要があります。

　ハラスメントが生じた事実が確認できなかった場合でも、改めてハラスメントに関する方針を周知・啓発することが求められます。

（4）その他の措置

　発注者が措置を講じているつもりでも、フリーランスが「プライバシーが守られていないのではないか」、「相談をすることで契約を解除されるのではないか」ということを心配して相談することを躊躇ってしまうような対応では、被害を見過ごしたり、配慮する機会を逃したりしてしまうおそれがあります。

　ハラスメント相談をしたフリーランスやハラスメントをしたと疑われる者、その他の関係者の情報には、性的指向・性自認や病歴、不妊治療等の機微な個人情報が含まれることもあります。これらはプライバシーに属するものであるため、プライバシーの保護には十分注意するとともに、必要な措置を講じる必要があります。そして、これらは従業員とフリーランスの双方に周知することが必要です。

　フリーランスがハラスメントの相談をしたこと等を理由として、業務委託契約の解除その他の不利益な取扱いをされない旨を定め、フリーランスに周知・啓発することも必要です。業務委託契約を締結済のフリーランスのみならず、契約交渉中のフリーランスであっても、ハラスメントは許されるものではありません。契約交渉中は両者の力関係に差があることが如実に表れ、ハラスメントが生じやすい一場面ですので、契約締結前の交渉中のフリーランスに対するハラスメントも許されない方針を示すなどの工夫をしておくことも考えられます。

重層的な業務委託がなされ当事者が多数に及ぶ場合には、フリーランスが働く場所で効果的にハラスメント対策を行える事業者に協力を求めることも望ましい取り組みだといえます。

第5節　ハラスメント、妊娠・出産・育児・介護

ハラスメント対策義務違反の制裁
ハラスメント対策義務に違反すると、発注者には、どのような制裁がありますか。

ハラスメント対策義務に違反すると、都道府県労働局の調査、措置、勧告がなされ、最悪のケースでは、企業名が公表されてしまいます。なお、犯罪に当たるハラスメントは絶対にしてはなりません。

1　ハラスメント対策義務が守られない場合のフロー

　ハラスメント対策義務（法14条1項）としてなすべき措置は Q3-30 をご参照ください。

　ハラスメント対策義務を守らないと、どうなるかをフロー図にまとめると、以下のとおりとなります。

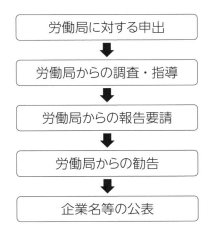

127

第3章　フリーランス法の解説と実務対応

Q3-30で解説したとおり、発注者には、フリーランスからの相談に適切に対応する義務があります。発注者がこの義務を果たさない場合、都道府県労働局は、フリーランスの申出により、必要な調査を行った上、適切な措置を行うことができます（法17条）。より具体的にいうと、発注者には、必要な調査が行われ（ただし法14条違反については立入検査権限はありません）、申出の内容が事実であると認められると、状況を是正するため一定の措置をとるように指導される可能性があります。

また、都道府県労働局は、発注者に対して報告を求めることができます（法20条2項）。この報告をしなかったり、虚偽の報告をしたりすると、20万円以下の過料が科されるリスクがあります（法26条）。都道府県労働局は、ハラスメント対策義務違反があったと判断した場合、発注者に対し、必要な措置をとるよう勧告することができます（法18条）。

正当な理由なく勧告に従わないと、企業名とともに、勧告に従わなかった事実が公表されることがあります（法19条3項）。

ハラスメント対策義務を守らなかったとしても、罰金のような刑事罰の対象とされることはありません。しかし、それと似た機能を持つ「過料」が科されるリスクがあるほか、最終的には企業名が公表されかねないので、ハラスメント対策義務を無視することはできません。

2　犯罪は絶対ダメ！

フリーランスに対するハラスメントが、法律で犯罪とされている場合には、拘禁刑（刑務所に行くこと）などの刑事罰が科される可能性があります。こうした行為は絶対にしないようにしてください。

犯罪になる可能性のあるハラスメントの例は、以下のとおりです。

第5節　ハラスメント、妊娠・出産・育児・介護

> 性行為、性的な関係を強要する（刑法177条　不同意性交罪）

> 必要もなく腰や胸に触る（刑法176条　不同意強制わいせつ罪）

> 経済的なペナルティを与えることを示唆して都道府県労働局に対する申出を取り下げさせる（刑法223条　強要罪）

> 身体的な暴力を振るう（刑法208条　暴行罪）

第3章　フリーランス法の解説と実務対応

2 ┃ **妊娠・出産・育児・介護配慮義務**

Q
3-32
妊娠・出産・育児・介護配慮義務
発注者が負う妊娠・出産・育児・介護配慮義務とは、どのような義務ですか。

▼▼▼▼▼▼▼▼▼▼▼▼▼▼▼▼▼▼▼▼▼▼▼▼▼▼▼▼▼▼▼▼▼▼▼

A
フリーランスからの申出に応じて、妊娠・出産・育児・介護と両立しつつ業務に従事することができるよう、状況に応じた必要な配慮をする義務をいいます。この義務は継続的業務委託の場合に課せられます。

▼▼▼▼▼▼▼▼▼▼▼▼▼▼▼▼▼▼▼▼▼▼▼▼▼▼▼▼▼▼▼▼▼▼▼

解説
1　妊娠・出産・育児・介護配慮義務とは

　6か月以上の継続的業務委託の発注者は、フリーランスからの申出に応じて、妊娠・出産・育児・介護と両立しつつ業務に従事することができるよう、状況に応じた必要な配慮をする義務があります（法13条1項、令3条）。ここでいう継続的業務委託には、期間の定めのないものも含まれます。

　継続的業務委託に当たらない単発や短期の業務委託であっても、同様の配慮を行う努力義務があります（法13条2項）。

　継続的業務委託に当たるかどうかの具体的考え方は、**Q3-33** をご参照ください。

　また、「配慮」の具体的内容は、**Q3-35** をご参照ください。

2　「育児」「介護」とは

　配慮義務の対象となる「育児」「介護」の意味は以下のとおりとなります。

　「育児」とは、小学校就学の始期に達するまでの子の養育をいいます。

130

第5節　ハラスメント、妊娠・出産・育児・介護

「介護」とは、要介護状態（負傷、疾病または身体上もしくは精神の障害により、2週間以上にわたり常時介護を必要とする状態）にある家族の介護その他の世話を行うことをいいます。要介護状態にあればよく、要介護認定を受けている必要はありません。ここでいう「家族」とは、配偶者（事実婚を含む）、父母、子、配偶者の父母、祖父母、兄弟姉妹、孫を意味します。

3　申出の妨害、不利益取扱いをしないようにしましょう

妊娠・出産・育児・介護に対する配慮義務・配慮努力義務を、わざわざフリーランス法に定めたにもかかわらず、発注者が、配慮を求めるフリーランスの申出を妨げようとしたり、申出や配慮をしたことを理由に契約を解除するなどの不利益な取扱いをしたりすることを許してしまっては、法律に定めた意味がなくなってしまいます。

そのため、配慮を申し出るための手続をいたずらに複雑にするなど申出を妨げたり、配慮を申し出たことのみを理由として、契約解除、報酬減額などの不利益な取扱いをしたりすることは、望ましくない取扱いといえます。

131

「継続的業務委託」とは

「継続的業務委託」の事業者について妊娠・出産・育児・介護配慮義務が定められていたり、契約の中途解除をする場合に30日前に予告することが定められていたりするようですが、「継続的業務委託」とは何ですか。

発注者とフリーランスとの間の業務委託契約が６か月以上の期間の契約を「継続的業務委託」といいます。「継続的業務委託」とされる契約は、契約期間が６か月以上の場合だけでなく、契約が更新された結果、通算した契約期間が６か月以上になる場合も含まれます。６か月以上の期間の基本契約を締結した場合や、期間の定めがない契約を締結した場合も継続的業務委託とされます。

1 継続的業務委託の契約期間は６か月以上

発注者に育児介護等の配慮義務が課せられる法13条１項、契約を途中で解除する場合には30日前に予告することが求められる法16条１項の条文の規制は、フリーランスと継続的な契約を締結した発注者との間の契約に適用されることになっています。この継続的な契約をフリーランス法では「継続的業務委託」といいます。

この「継続的業務委託」とされる契約の期間は、６か月以上と定められています（令３条）。

2 契約期間の算定方法

契約期間の「始期」は、業務委託の契約の締結をした日をいいます。契約期間の「終期」は、業務委託契約が終了する日をいいます。

第5節　ハラスメント、妊娠・出産・育児・介護

　継続的業務委託とされるのは、業務委託契約を締結した日から6か月を経過した時点からではありません。6か月を経過しなくても、契約の「始期」から「終期」までの期間が6か月以上であることが見込まれた時点から継続的業務委託に当たることになります。つまり、フリーランスと6か月以上の期間の業務委託契約を締結したのであれば、契約を締結したその日から、法13条1項の規定や法16条1項の規定が適用されます。

　業務委託契約には、フリーランスと基本的な委託内容等を定めた基本契約を締結し、個別の発注はその都度個別契約を締結したり、発注書を発行したりする場合があります。この場合は、6か月以上の契約期間の基本契約を締結した時点から適用されます。

　また、契約期間を定めていない業務委託契約を締結する場合もありますが、この場合も、6か月以上業務委託した場合とみなされ、継続的業務委託に当てはまるとされます。

3　契約の更新をする場合

　契約期間が6か月未満であっても、その契約が更新された結果、通算した契約期間が6か月以上になる場合があります。この場合は、契約が更新されることにより、最初に契約した時点から通算した契約期間が6か月以上になることが判明した契約更新の時点から、継続的業務委託に該当するものとされます。

　例えば、2か月契約を更新する場合には、2回目の契約更新時（3回目の契約締結時）に全体の契約期間が6か月以上となることが判明するため、2回目の契約更新時（3回目の契約締結時）の時点で、継続的業務委託とされます。

図表9　契約更新時（空白期間なし）

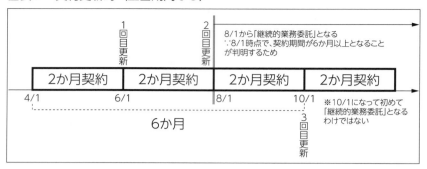

　契約が連続して更新されるのではなく、一定の空白期間があって、契約が繰り返されることがあります。空白期間が1か月未満の場合は、空白期間を含めて契約期間が通算して計算されます。例えば、期間を2か月とする業務委託契約が終了し、1か月未満の空白期間（例えば15日間）のあと、再び同じ内容の1か月半の業務委託を行い、さらに同じ内容の2か月の業務委託契約を締結した場合、間の空白期間が1か月未満であることから、これら業務委託契約は1回目から3回目まで継続しているものとされます。その結果、間の空白期間を含めて期間を計算すると3回目の契約をした段階で、1回目の業務委託契約から6か月以上の契約が継続していることになり「継続的業務委託」とされます。

図表10　契約更新時（空白期間あり）

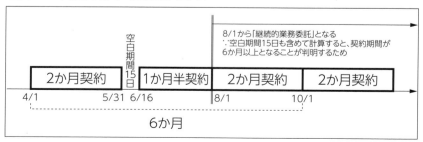

第5節　ハラスメント、妊娠・出産・育児・介護

　ただし、契約期間を通算するには、更新される二つ以上の契約が同じ契約であることが必要です。同じ契約といえるためには、業務委託の両当事者が同一であり、かつ、契約の内容が同じであることが必要です。例えば、最初の契約では塾の講師の仕事を委託していたのに、2回目の契約では塾とは全く関係のない事務の仕事を委託した場合は、契約当事者が同じであっても、契約の内容が異なるため同一の契約とはいえないということになります。

　契約内容が同じといえるかどうかは、「日本標準産業分類」の小分類（3桁の番号で分類されている）を基準に同一かどうか判断されます。

【✒コラム　日本標準産業分類】

　日本標準産業分類とは、公的統計の統一性等を確保するために用いられている産業区分をいいます。最新のものは、令和6年4月1日から施行されています（令和5年7月27日総務省告示第256号）。

　建設業（大分類D）、職別工事業（中分類07）、大工工事業（小分類071）、型枠大工工事業（細分類0712）といったように、分類の構成は、大分類、中分類、小分類、細項目の4段階で成り立っています。日本産業分類は、労働安全衛生法や中小企業基本法など、多くの法令で用いられています。

第3章　フリーランス法の解説と実務対応

配慮申出への対応

フリーランスに対し、妊娠・出産・育児・介護に対する配慮をすることは、フリーランスから申出がない場合にも求められるのでしょうか。また、申出を受けた場合にどのような点に注意しなければならないでしょうか。

A

育児介護等の配慮を求められるのは、フリーランスからの申出があった場合に限られます。申出を受けた発注者は、フリーランスのプライバシーの保護にも注意する必要があります。また、フリーランスからの申出を阻害するような行為をしてはいけません。

1　配慮が必要となるのはフリーランスから申出があった場合に限られる

フリーランス法13条1項は、「申出に応じて」と記載しているため、発注者が配慮することが求められるのは、フリーランスから申出があった場合に限られます。

そして、フリーランス法では、申出の方法についての定めを置いていないため、書面による申出にかぎらず、口頭での申出であっても申出があったものと扱われます。また、申出が正当な理由があるものか否かを確認するために必要な資料の提出を求めるか否かについて、フリーランス法の定めはありません。どのような資料を求めるか否かは発注者の判断になりますが、フリーランスのプライバシーに関する情報も含まれます。フリーランスから申出をしやすくする環境を作るという観点からも、資料の提出を求める場合でも必要最小限の範囲に留めるようにしてください。

図表11　配慮対応の手順

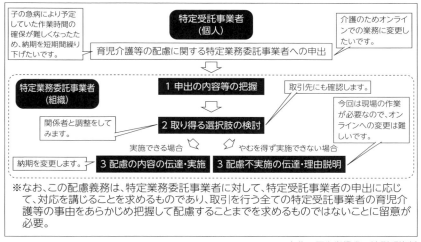

出典：厚生労働省　法説明資料

2　申出をしたフリーランスのプライバシーの保護に注意すること

　フリーランスから育児介護等に対する配慮の申出を受けた場合には、フリーランスから求める配慮の具体的な内容や育児介護等の状況を聞くことになります。その際、フリーランスのプライバシーに属する情報も聞くことになる場合があります。取得したプライバシー情報を発注者内で共有する場合、その範囲は必要最小限に留める等など、プライバシー保護には注意が必要です。

3　フリーランスからの申出を阻害してはいけません

　発注者が配慮を求められるのは、フリーランスからの申出があった場合に限られますが、発注者がフリーランスからの申出ができないように阻害する行為をしてはいけません。
　そのような場合の具体例として、指針でも、申出に際して膨大な書

第3章　フリーランス法の解説と実務対応

類を提出させる等のフリーランスにとって煩雑または過重な負担となるような手続を設けることが挙げられています（指針第3の3イ）。

第5節　ハラスメント、妊娠・出産・育児・介護

申出への配慮の内容

継続的業務委託の場合は、育児介護等の状況に応じた必要な配慮をする義務があるとのことですが、どのようなことをすれば「配慮」をしたことになりますか。継続的業務委託以外の場合における必要な配慮をする「努力義務」の場合はどうですか。

フリーランスからの申出があった場合、一定のプロセスに基づき、育児介護等と業務従事を両立するための対応を検討する必要があります。努力義務の場合は、できるだけ実施するよう努める必要があります。

1　「配慮」とは

　フリーランス法における妊娠・出産・育児・介護に対する「配慮」とは、下記のプロセスに基づき、フリーランスが育児介護等と業務従事を両立するための措置等をとることを検討することを指します（指針第3の2（1））。

①フリーランスが、発注者に、育児介護等に対する配慮の申出を行う。
②話し合いを通じ、フリーランスが求める配慮の具体的な内容および育児介護等の状況を発注者にて把握する。
③配慮を行うことが可能か、発注者側で検討する。検討の過程で、会社内で情報共有を行う場合は、フリーランスのプライバシーに留意する。
④発注者が配慮を行うことを決定した場合は、フリーランスのその内容を伝える。配慮を実施しないこととした場合は、

第3章　フリーランス法の解説と実務対応

> その理由とともに、フリーランスにわかりやすく伝える。

　発注者は、フリーランスが求める配慮を必ず実施する義務があるわけではありません。育児介護等と両立するためにできる対応が他にもある場合は、フリーランスの意向を踏まえた上で、発注者が対応しやすい方法で配慮を行うことは可能です。また、業務の性質や会社の体制などにより配慮自体が困難である場合や、配慮を行うことで業務のほとんどが行えなくなる等、合理的な理由がある場合は、配慮自体を行わないことも認められます。

2　「配慮」の例

　指針第3の2（2）では、配慮の例として、次のような例が示されています。

> ①妊婦健診がある日の打合せの時間を調整する。
> ②妊娠による症状により業務に対応できない場合の対応について決めておく。
> ③出産のため離れた地域に住むことになった場合に、成果物の納入方法を手渡しから郵送に切り替える。
> ④子どもの急病等により作業が遅れた場合に、納期を遅らせる。
> ⑤介護との両立のため、特定の曜日についてはオンラインでの稼働を認める。

　このように、育児介護等と両立させるための対応は契約目的が達成できる範囲内で行えば足り、長期間の育児のための休業を認めることや、業務内容自体を大幅に変更することまでは、基本的には求められ

140

ていません。

3　継続的業務委託以外の努力義務

　継続的業務委託以外の場合においても、発注者は、フリーランスからの申出に応じて、育児介護等のために必要な配慮をするよう努めなければなりません（法13条2項）。これは努力義務ですが、できる限り配慮してください。

申出を理由とする不利益取扱い

フリーランスから妊娠・出産・育児・介護への配慮の申出があった際に、そのことを理由に契約を解除したり、その他の不利益を負わせることはできますか。

発注者は、フリーランスから妊娠・出産・育児・介護への配慮の申出を受けた場合に、そのことを理由として、契約解除、報酬減額等の不利益を負わせないようにしてください。

1 不利益な取扱い

フリーランス法には、発注者がフリーランスから妊娠・出産・育児・介護への配慮の申出を受けた場合に、そのことのみを理由として契約の打ち切り、報酬の減額その他の不利益を課すことを禁止する規定はありません。

もっとも、フリーランスが妊娠・出産・育児・介護への配慮を申し出たことを理由に、発注者が不利益な取扱いをすることを許してしまっては、フリーランス法13条がわざわざ妊娠・出産・育児・介護に対する配慮義務を定めた意味がなくなってしまいます。

したがって、発注者が、フリーランスから妊娠・出産・育児・介護への配慮の申出を受けた場合に、そのことのみを理由に契約解除、報酬減額等の不利益な取扱いを行わないようにしてください。

2 不利益な取扱いの具体例

指針によれば、フリーランスが申出をしたことまたは配慮を受けたことのみを理由として行われた以下のような行為は、不利益な取扱いとされます（指針第3の3ロ）。

第5節　ハラスメント、妊娠・出産・育児・介護

> ➤　契約の解除を行うこと
> ➤　報酬を支払わないことまたは減額を行うこと
> ➤　給付の内容を変更させることまたは給付を受領した後に給付をやり直させること
> ➤　取引の数量の削減
> ➤　取引の停止
> ➤　就業環境を害すること

　不利益な取扱いに該当する具体例は、以下のとおりです（指針第3の3ロ）。

> ➤　介護のため特定の曜日や時間の業務を行うことが難しくなったため、配慮の申出をしたフリーランスについて、別の曜日や時間は引き続き業務を行うことが可能であり、契約目的も達成できることが見込まれる中、配慮申出をしたことを理由として、契約の解除を行うこと。
> ➤　フリーランスが出産に関する配慮を受けたことを理由として、現に役務を提供しなかった業務量に相当する分を超えて報酬を減額すること。
> ➤　フリーランスが育児や介護に関する配慮を受けたことにより、発注者の労働者が繰り返しまたは継続的に嫌がらせ的な言動を行い、フリーランスの能力発揮や業務の継続に悪影響を生じさせること。

　一方で、以下の場合には、不利益な取扱いに該当しないとされています（指針第3の3ロ）。

143

➤ 妊娠による体調の変化によりイベントへの出演ができなく
なったフリーランスから、イベントの出演日を変更してほ
しいとの申出があったが、イベントの日程変更は困難であ
り、当初の契約目的が達成できないことが確実になったた
め、その旨をフリーランスと話し合いの上、契約の解除を
行うこと。
➤ 育児のためこれまでよりも短い時間で業務を行うことと
なったフリーランスについて、就業時間の短縮により減少
した業務量に相当する報酬を減額すること。
➤ 配慮の申出を受けて話し合いをした結果、フリーランスが
従来の数量の納品ができないことがわかったため、その分
の取引の数量を削減すること。

発注者とフリーランスが十分に話し合いをして今後の取扱いを決め
ることがポイントとなります。

第5節　ハラスメント、妊娠・出産・育児・介護

妊娠・出産・育児・介護配慮義務違反の制裁
妊娠・出産・育児・介護配慮義務に違反すると、発注者にはどのような制裁がありますか。

A
妊娠・出産・育児・介護配慮義務に違反すると、都道府県労働局の調査および措置がなされます。ただし、報告要請、立入検査や勧告・命令の対象にはなりません。

1　妊娠・出産・育児・介護配慮義務に違反すると

　発注者が妊娠・出産・育児・介護配慮義務を果たさない場合、都道府県労働局は、フリーランスの申出により、必要な調査を行った上、適当な措置を行うことができます（法17条）。具体的には、都道府県労働局から必要な調査を受け、その申出が事実であると認められた場合、フリーランスに対し必要な配慮を行うように指導される可能性があります。

　ただし、妊娠・出産・育児・介護配慮義務違反に関しては、報告要請、立入検査や勧告・命令の対象にはなりません。

2　その他に留意すべきこと

　妊娠・出産・育児・介護配慮義務に反するだけでなく、報酬の支払期日までに報酬を支払わなかったり、フリーランスの責めに帰すべき事由がないにもかかわらず報酬の額を減額するようなことがあれば、別途、フリーランス法4条や5条に違反することなり、勧告や命令、罰金等の制裁を受ける可能性があります。発注者が禁止行為に及んだ場合の制裁については、**Q3-28**をご参照ください。

第3章　フリーランス法の解説と実務対応

3　**実務対応**

Q 3-38　ハラスメント、妊娠・出産・育児・介護のあるべき実務対応

発注者がハラスメント対策義務、妊娠・出産・育児・介護配慮義務に違反しないようにするためには、どのような実務対応をとる必要があるのでしょうか。

▼▼▼▼▼▼▼▼▼▼▼▼▼▼▼▼▼▼▼▼▼▼▼▼▼▼▼▼▼▼

A　発注者がすでに労働者（従業員）に対する相談体制やハラスメント防止対策ツールがあれば、これを活用すれば足ります。また、相談に際しては、プライバシーが守られていることを周知するなどして、フリーランスが躊躇することなく相談や申出がしやすい対応をとる必要があります。

▼▼▼▼▼▼▼▼▼▼▼▼▼▼▼▼▼▼▼▼▼▼▼▼▼▼▼▼▼▼

解説　**1　ハラスメント対策**

　発注者が講ずべきハラスメント対策は Q3-30 のとおりです。これは、労働者（従業員）に対するハラスメント防止対策とほぼ同じですので、すでに社内に相談体制やハラスメント防止対策ツール等があり、問題なく運用されている場合には、それらを活用するといいでしょう。

2　妊娠・出産・育児・介護配慮義務について

　妊娠・出産・育児・介護に対する配慮の考え方や具体例の内容については Q3-35 のとおりですが、発注者が配慮をしているつもりでも、配慮の申出が事実上できなかったり、申出がしにくかったりするようであれば、意味がありません。そこで、まずは、フリーランスが申出をしやすい環境を整えておくことが重要です。指針においても示され

146

ていますが、具体的には、以下のような取り組みを行うことが望ましいとされています。（指針第３の２（１）ニ）

①配慮の申出が可能であることや、配慮を申し出る際の窓口・担当者、配慮の申出を行う場合の手続等を周知すること
②育児介護等への理解促進に努める取り組み（育児介護等に否定的な言動が頻繁に行われている場合には、それを解消するための取り組みをすること）

第3章　フリーランス法の解説と実務対応

第6節 ◆ 契約の解消

1　発注者による契約解消の事前予告義務

Q 3-39

契約解消の事前予告義務
発注者が継続的業務委託を解除する場合や更新しない場合には事前予告をしないといけないということですが、これはどのような義務ですか。

▼▼▼▼▼▼▼▼▼▼▼▼▼▼▼▼▼▼▼▼▼▼▼▼▼▼▼▼▼▼▼▼

A

発注者は、6か月以上継続する業務委託に関する契約を解除する場合や更新しない場合には、フリーランスに対し、少なくとも30日前までに、書面や電子メール等によりその予告をする必要があります。口頭での予告は認められません。例外的に事前予告しなくてもよい場合もあります。

▼▼▼▼▼▼▼▼▼▼▼▼▼▼▼▼▼▼▼▼▼▼▼▼▼▼▼▼▼▼▼▼

解説

1　発注者の事前予告義務

　6か月以上の継続的業務委託（**Q3-41**参照）において、発注者が契約を途中で解除したり、更新しないことを決めたりした場合、フリーランスがこのことを事前に知らないまま契約が終了してしまうと、次の取引に円滑に移行することができなくなってしまいます。

　こうした事態を防ぐため、フリーランス法は、発注者が、フリーランスに対し、少なくとも30日前までに、契約を解除することまたは更新しないことについて予告しなければならないと定めています（法16条1項）。

　なお、ここでいう「解除」とは、発注者から一方的に契約を解除することを指すものですので、発注者とフリーランスの合意による解除は含まれません。ただし、その場合でも、契約解除の合意が、フリー

148

第6節　契約の解消

ランスの自由な意思に基づくものであることが必要です。

また、「更新しない」とは、継続的業務委託の契約が終了する日から起算して30日以内に次の契約を締結しないことをいいます。具体的には、①切れ目なく契約の更新がなされているまたはなされることが想定される場合にその契約を更新しないケースや、②断続的な業務委託契約であって、発注者がフリーランスとの取引を停止する等、次の契約申込みを行わないケース等が該当します。

2　事前予告の方法

発注者は、以下の①〜③のいずれかの方法により予告を行わなければなりません（厚労省規則３条１項）。口頭での予告は認められません。

①書面の交付
②FAX
③電子メール、ショートメッセージサービスやSNSでのメッセージのうち、送信者が受信者を特定して送信することのできるもの。ただし、本文や添付ファイルが紙でプリントアウトできることが必要です。

149

第3章　フリーランス法の解説と実務対応

契約解消を事前予告すべき事業者
契約解消の事前予告義務を負うのは、どのような事業者ですか。

契約期間が6か月以上となる（契約を更新した結果、6か月以上となる場合も含む）継続的業務委託の「特定業務委託事業者」が契約解消の事前予告義務を負います。

1　継続的業務委託の場合

契約解消の事前予告義務は、「特定業務委託事業者」が6か月以上の継続的業務委託（Q3-41 参照）をした場合に課されます。

発注者が継続的業務委託の契約を解消する場合に30日前までの予告が求められる理由は、特定の取引関係が継続すると、フリーランスがその取引に、自分の時間や労力の多くを投入し、発注者への依存度が高まることが多いからです。契約の期間が6か月以上であるような契約や、更新により契約期間が6か月以上継続している契約の中途解除や不更新については、事前に予告することでフリーランスが次の取引に円滑に移れるようにして、解除等に伴う時間的、経済的損失を軽減し、フリーランスの安定的な就業環境を整備することを目的としています。

2　継続的業務委託以外の場合の取扱い

継続的業務委託ではない場合、発注者は、フリーランス法上、事前の予告なく契約を解除することはできます。しかし、相手方に不利な時期に業務委託契約を解除する場合には、発注者は、フリーランスに対して損害賠償をしなければならない場合もありますので（民法651

条2項1号)、注意が必要です。そのため、継続的業務委託の発注者でない場合であっても、契約解除する場合には、契約解除されるフリーランスの損害が発生しないよう、できるだけ早く解除することを通知した方がよいでしょう。

また、フリーランスに責任がないのに契約期間が1か月以上の契約を解除した場合にはフリーランス法上の禁止行為(受領拒否(法5条1項1号、Q3-21 参照)、不当な給付内容の変更(法5条2項2号、Q3-27 参照))に該当する場合もありますのでその点も注意してください。

なお、民法651条2項1号や、フリーランス法上の禁止行為に該当する可能性があることは、継続的業務委託の場合にもあることはもちろんです。

図表12　契約解消予告の範囲

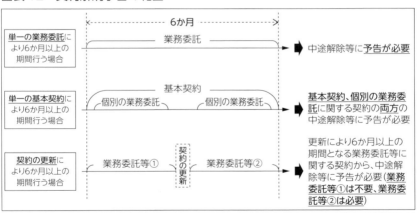

出典：厚生労働省　法説明資料

第3章　フリーランス法の解説と実務対応

Q 3-41

30日未満の通知期間を定める契約の効力

フリーランス法では、継続的業務委託を発注者が解除する場合30日前までに予告することが定められていますが、あらかじめ、フリーランスとの契約で、発注者は、契約の解除・不更新の通知は直ちに行えるとか、予告する場合であっても30日未満の通知期間で行える旨の条項を設けてよいでしょうか。

▼▼▼▼▼▼▼▼▼▼▼▼▼▼▼▼▼▼▼▼▼▼▼▼▼▼▼▼▼▼▼▼

A

契約において発注者から即時解除ができると定めてあっても、フリーランス法が即時解除を認めている理由に該当しない場合は、その契約に基づいて契約を解除する場合であっても30日前までの事前予告が必要となります。

▼▼▼▼▼▼▼▼▼▼▼▼▼▼▼▼▼▼▼▼▼▼▼▼▼▼▼▼▼▼▼▼

解説

業務委託契約において、発注者は直ちに契約を解除することができるとか、不更新の通知をしなくても更新しないことができると定められていた場合は、そのような条項の効力はどのように考えられるでしょうか。

一つの考え方は、発注者とフリーランスとの間で、発注者が事前の予告なく契約を解除することを合意により認めているのだから、フリーランス法に関係なく、即時解除は許されるというものです。

もう一つの考え方は、契約で事前に定めてあっても、フリーランス法が原則として事前の予告を必要としているのだから、事前の予告は必要となるという考え方です。

フリーランス法の解釈ガイドラインは、2つ目の考え方をとっており、発注者とフリーランスとの間の契約で即時解除できると定めていた場合であっても、フリーランス法が認める即時解除の例外的事由がない限り、予告義務があるとされています（解釈ガイドライン第3部

152

第6節　契約の解消

4（2））。

　ですから、業務委託契約書に即時解除ができる理由が定められている場合であっても、フリーランス法が即時解除を認めている理由（**Q3-42**参照）に「も」当たるのか慎重に見極めた上で、本当に即時解除するのか検討するようにしましょう。

153

Q 3-42 解除予告手当の支払の可否

発注者は、30日前までに中途解除の通知を行わなければならないそうですが、発注者からフリーランスに、30日分の報酬を支払って即時に中途解除することはできますか。

A

法律上、30日分の報酬を支払って即時に中途解除することはできません。発注者とフリーランスとの間の合意があれば即時に解除できる可能性がありますが、その場合、フリーランスの自由な意思に基づいて合意したものであることが必要です。

解説

1 事前の予告について─労基法との違い

労基法		フリーランス法
解雇しようとする場合、30日前までに予告する。	解除の通知	契約の解除（契約期間の満了後に更新しない場合を含む）をしようとする場合、30日前までに予告する。
あり 30日前に予告をしない使用者には、30日分以上の平均賃金の支払義務あり。	予告手当の支払	なし

　労基法では、30日前に解雇の事前予告をするか、30日前に予告をしない場合には、30日分以上の賃金（解雇予告手当）を支払う義務があります。そのため、使用者は、労働者に対して事前の予告をせずとも、

第6節　契約の解消

解雇予告手当の支払をすれば、労働者を即時に解雇することができます（労基法20条）。

これに対し、フリーランス法では、労基法のように解雇予告手当の支払をもって即時に契約を解除することについての規定はありません。また、契約の即時の中途解除については、 Q3-44 のとおり、例外的に定められています（厚労省規則4条）。したがって、法律上、発注者からの申し出により30日分の報酬を支払って即時に中途解除することはできないことになります。

2　即時の中途解除合意──フリーランスの自由な意思の尊重

では、発注者とフリーランスとの間の合意により、即時に中途解除をすることはできないでしょうか。

フリーランス法16条の「契約の解除」は、発注者からフリーランスに対して、一方的に契約の解除を通知する場合を指します。したがって、発注者とフリーランスの合意解除することは、フリーランス法16条の規制の範囲外ということになります。したがって、契約を即時に中途解除するという合意は可能です。

ただし、フリーランス法16条は、契約の中途解除をあらかじめ知らせることを原則として定めることで、フリーランスの保護を図っていますので、契約を解除する合意が、フリーランスの自由な意思に基づくものであるといえるか、慎重に検討する必要があります。例えば、発注者がフリーランスに対し即時の中途解除を求める際、暴言・暴力を用いる、執拗に即時の中途解除を申し入れる、中途解除に応じなければ損害賠償、違約金などの不利益を課すと述べるなど、フリーランスの自由な意思の形成を妨げるような場合には、合意による契約の中途解除の効果が否定される可能性がありますので注意が必要です。

155

即時解除の可否

発注者は、30日前までに中途解除の通知を行わなければならないそうですが、例えばフリーランスが業務で得た多額の金銭を横領する等、極めて重大な非行に及んだ場合にも、即時に解除することはできないのでしょうか。

フリーランスが行った問題行動が重大悪質なケースに限っては、契約を即時に解除できる場合があります（法16条1項）。ただし、即時解除が認められるのは、極めて例外的な場面に限られます。

1 例外的に即時解除が認められる場合

フリーランス法では、Q3-39、Q3-42のとおり、原則として30日前までに中途解除の通知を行わなければなりません。しかし、例外的に、即時の解除が認められている場合があります（厚労省規則4条1～5号）。具体的には、以下のようなケースです。

> - 天災事変等の不可抗力かつ突発的な事由によって、フリーランスに対して予告することが困難な場合
> - フリーランスに再委託した場合であって、元委託に係る契約が解除され、再委託業務が不要となった場合
> - 基本契約に基づいて業務委託を行う場合または契約の更新により継続して業務委託を行うこととなる場合であって、契約期間が30日間以下である個別契約を解除しようとする場合
> - フリーランスの責めに帰すべき事由により直ちに契約の解除をすることが必要と認められる場合

> フリーランスとの間で基本契約を締結している場合で
> あって、フリーランスの事情により、相当な期間、個別契
> 約が締結されていない場合

2 フリーランスの責めに帰すべき事由―重大悪質なケースに該当するか

　このうちよく問題となるのは、「フリーランスの責めに帰すべき事由」（厚労省規則4条4号）があるという理由です。

　しかし、フリーランスの「責めに帰すべき事由」とは、重大または悪質な事態に限られ、極めて軽微な事態は除かれています。具体的には、以下のようなケースが、フリーランスの「責めに帰すべき事由」が認められる例です。

> 業務委託に関連して、窃盗や横領を行った、または、発注
> 者や顧客に対して暴行等を行った等の犯罪行為があった場
> 合
> 発注者があらかじめ不祥事の防止について各種手段を講じ
> ていたのに、フリーランスが継続的または断続的に窃盗や
> 横領、または暴行やこれに類する行為を行った場合
> 業務委託と関連が無くとも、窃盗、横領や暴行等の犯罪行
> 為があり、それが著しく発注者の名誉や信用を毀損させる
> もの、取引関係に悪影響を与えるものまたは両者の信頼関
> 係を喪失させるものと認められる場合
> フリーランスが、業務委託契約に定められた給付や仕事を
> 合理的な理由なく全くまたはほとんど行わない場合
> 賭博や職場の風紀を著しく乱すなど、業務委託契約上協力
> して業務を遂行する者等に悪影響を及ぼす場合。また、こ

第3章　フリーランス法の解説と実務対応

> れらの行為が業務委託と関連しない場合であっても、それ
> が著しく発注者の名誉もしくは信用を失墜するもの、取引
> 関係に悪影響を与えるものまたは両者間の信頼関係を喪失
> させるものと認められる場合
>
> ➤ 業務委託の際にその委託をするための中核となるような経
> 歴・能力を詐称した場合および業務委託の際、発注者の行
> う調査に対し、業務委託をしない要因となるような経歴・
> 能力を詐称した場合
>
> ➤ フリーランスが、契約に定める業務内容から著しく逸脱し
> た悪質な行為を故意に行い、発注者がフリーランスに対し
> その行為の改善を求めても、フリーランスに全く改善が見
> られない場合

　ご質問のケースであれば、上記の事情のうち、業務委託に関連して、横領を行った場合に該当しますので、例外的に即時解除ができると考えられます。

　フリーランス法16条が、契約の中途解除をあらかじめ知らせることを原則として定めることで、フリーランスの保護を図っていることを踏まえますと、上記のケースのように、フリーランスの責めに帰すべき事由で即時解除が認められるのはあくまで例外的な場面であることには注意が必要です。

予告義務違反の解除・不更新の効力

継続的業務委託を30日前までの予告をしなくてもよい事由がないのに、即時に解除したり、30日未満の予告期間をおいて解除してしまったりした場合は、その解除の効力は無効になるのでしょうか。

また、更新の場面において、契約終了前30日前までに不更新の通知をしなかった場合、業務委託は自動的に更新されるのでしょうか。これは、契約上自動更新条項がない場合でも同様でしょうか。

A
フリーランス法が定める30日前までに予告せずに契約の解除をした場合の効力の考え方には2つの考え方があります。発注者が即時解除に固執しない限り、通知して30日を経過するまでは契約が継続し、30日を経過した時点で解除の効力が生じると考えておいた方が無難でしょう。

解説

1　2つの考え方

発注者が継続的業務委託の契約の解除をする場合、30日前までに契約の解除の通知をすることが求められていますが（法16条1項）、事前予告に違反して契約を解除した場合には、契約の解除はどの時点で効力が生じるかについては、フリーランス法は定められていません。

そのため、事前の予告なく契約を解除した場合には、解除をしてから30日を経過したときに契約の解除の効力が生じるという考え方と、それとも、事前の予告がない場合であっても、あくまで契約の解除はその時点で効力が生じ、あとは、都道府県労働局から指導、勧告などを受けたり（Q3-45 参照）、せいぜい損害賠償義務が生じるにとどま

るという考え方がありえます。

2 中途解除の場合

　労働者の場合は、使用者は労働者を解雇しようとする場合には、少なくとも30日前にその予告をしなければならないとされています（労基法20条）。そして予告した期間の満了によって解雇の効力が発生します。労基法が定める除外事由があれば、即時解雇が認められますが、除外事由がないのに予告義務に違反してなされた解雇は、即時解雇としての効力はないものの、使用者が即時解雇に固執する趣旨でない限り、通知後30日の期間を経過したときから解雇の効力が生じるとした最高裁判例があり（最判昭和35年３月11日民集14巻３号403頁）、労働者の場合の実務運用となっています。

　フリーランス法における30日前予告義務の内容は、労働契約の解雇予告義務の規定と似ていることからすると、フリーランス法で定めた事前予告に違反した場合の効力も、即時解除に発注者が固執しない限り、即時解除の効力は生じないものの、通知後30日を経過したときから解除の効力が生じると考える余地があります。

　契約の解除の際にフリーランスとのトラブルを避けるためには、事前に解除することを通知するほか、当事者間でよく話し合って契約を終了させることが重要です。

3 契約更新の場合

　契約の更新の場合は、契約書には自動更新の条項が定められていることが多くあります。例えば、契約期間満了日の１か月前までに更新しないことを相手方に通知しない限りは、契約が更新されると定めた条項がこれに当たります。契約にこのような条項がある場合には、この文言どおり、１か月前までに不更新の通知をしない限り、契約は自

第6節　契約の解消

動更新されてしまいます。これは、フリーランス法において即時解除が許される理由（ Q3-43 参照）があるか否かにかかわらず、この条項自体の効力によるものです。

　他方で、契約解除の自動更新条項がない場合には、どうなるでしょうか。自動更新条項はなくても、実際には切れ目なく契約の更新がなされていたり、断続的にでも業務委託がなされてきたのであれば、30日前に不更新の予告をする義務はあります。事前の不更新の予告を怠ると都道府県労働局から指導、勧告などを受けたり（ Q3-45 参照）、フリーランスから損害賠償を請求されたりするおそれはありますので、予告義務は守るべきです。

　契約解除の自動更新条項がなく、かつ、そもそも契約の更新が想定されていないのなら、事前に契約が終了することを通知しなくとも、契約期間の満了日に契約が終了します。30日前までに不更新の通知をする義務もありません。

161

第3章　フリーランス法の解説と実務対応

予告義務違反の制裁
事前予告義務に違反した場合、どのような制裁がありますか。

都道府県労働局は、発注者に対して、是正措置をとるよう勧告を行い、勧告に従わない場合は、是正措置をとるように命令し、命令した事実を公表することがあります。命令にも従わない場合、50万円以下の罰金の対象になります。

解説　事前予告義務違反があった場合のフローは、以下のとおりまとめられます。

```
┌─────────────────────────────────────┐
│　　　　　　事前予告義務違反の発生　　　　　　│
└─────────────────────────────────────┘
                    ↓
┌─────────────────────────────────────┐
│取引先のフリーランスが、各都道府県の労働局に**申出**する（法17条1項）│
└─────────────────────────────────────┘
                    ↓
┌─────────────────────────────────────┐
│　申出を受けた労働局が**調査**を行う（法17条2項、20条1項）　│
└─────────────────────────────────────┘
                    ↓
┌─────────────────────────────────────┐
│　　　労働局が、**指導および助言**する（法22条）　　　│
└─────────────────────────────────────┘
        ↓　　是正されなかったとき　　↓
┌─────────────────────────────────────┐
│　　　　労働局が、違反事業者に対して、　　　　│
│是正・再発防止のために必要な措置をとることを**勧告**する（法18条）│
└─────────────────────────────────────┘
      ↓　勧告を受けた措置をとらなかったとき　↓
┌─────────────────────────────────────┐
│　　　　労働局が、違反事業者に対して、　　　　│
│　　勧告した措置をとるべきことを**命令**する（法19条1項）　│
│　　　　＋命令された事実の**公表**（法19条2項）　　　│
└─────────────────────────────────────┘
        ↓　　命令に違反したとき　　↓
┌─────────────────────────────────────┐
│命令違反者＋命令違反者を雇う法人（個人事業主の場合は事業主）は、│
│　　50万円以下の**罰金**の対象になる（法24条1号、25条）。　│
└─────────────────────────────────────┘
```

発注者が予告義務を果たさない場合、フリーランスは、都道府県の各労働局に申出をすることができます（法17条1項、23条）。

申出を受けた労働局は、発注者に報告を求め、発注者の事務所に立入検査を行い帳簿書類の検査する等により調査を行います（法17条2項、20条1項）。なお、虚偽の報告や検査の妨害を行うと、50万円以下の罰金の対象になるため、慎重な対応が必要です（法24条2号）。

この結果を踏まえ、労働局は発注者に対し指導および助言をすることがあります（法22条）。

調査で義務違反が認められると、労働局は、発注者に対して、例えば、解除の事前予告を改めて行うこと、契約書に解除予告義務を明記すること等、必要な是正・防止措置をとるように勧告します（法18条）。

この勧告に従わないと、労働局は、必要に応じてさらに調査を行った上で、是正・防止措置を行うよう命令します（法19条1項）。命令の内容は、公表される場合もあります（法19条2項）。

命令にも違反した場合には、命令に違反した個人と、その個人を雇う発注者の法人（個人事業主の場合は事業主）は、いずれも50万円以下の罰金に処される可能性があります（法24条1号、25条）。

このように、予告義務に違反した場合には、徐々に強度の強い制裁が用意されているため、万が一、都道府県労働局長から報告要請、立入検査、指導・助言等を受けた場合には、違反行為が存在する場合には、速やかに必要な是正措置をとることが、その後のより強度な制裁（特に、都道府県労働局長に命令を受けたことを公表され、あるいは刑事罰まで科せられる事態）を避けるために極めて重要です。

また、フリーランスが、厚生労働省の窓口に事業者の予告義務違反を申出したとき、事業者はそれを理由に不利益取扱いをしてはならないとされています（法17条3項）。したがって、都道府県労働局長の調査、指導・助言等を受けたとしても、誰が申出したか犯人探しをす

ることはもとより、申出したフリーランスとの契約を打ち切ったり、
報酬を減額したり、損害賠償を求めたり、ハラスメントを行ったりす
ることは許されませんので、絶対にやめてください。

第6節　契約の解消

2　発注者による契約解消の理由開示義務

Q 3-46　契約解消の理由開示義務

発注者が継続的業務委託を解除したり更新しない場合には、フリーランスの求めに応じ契約の終了理由を開示する義務があるということですが、具体的にどのような理由を明らかにすればよいのでしょうか。

▼▼▼▼▼▼▼▼▼▼▼▼▼▼▼▼▼▼▼▼▼▼▼▼▼▼▼▼▼▼▼▼▼▼

A

契約の終了理由を開示する場合、フリーランスが理由をよく理解できるように、5W1Hを意識して、契約書がある場合は条文と文言を引用して記載するとよいでしょう。

▼▼▼▼▼▼▼▼▼▼▼▼▼▼▼▼▼▼▼▼▼▼▼▼▼▼▼▼▼▼▼▼▼▼

解説　1　契約解消の理由の開示が求められる理由

　フリーランス法16条2項は、契約の終了理由にどのようなことを書くべきか、示していません。

　同項が契約解消の理由を開示させるのは、契約を解除されたフリーランスが、当該発注者との間で契約の存続に向けた交渉を行ったり、別の取引に向けた事業の見直しをしたり、トラブルの回避に役立てることができるようにするためです。

　そうだとすれば、フリーランスが発注者に対し、契約の解消を通知されたけれども、その理由を受けて、原因を改善することによって契約の存続に向けた交渉をしたり、今後、フリーランスが別の取引を行うに当たり自らの事業の見直しを図ったりすることができるよう、さらに、万が一トラブルになりそうになっても、解決の方向性を示してそもそもトラブルになる前に予防し、トラブルになっても早期に解決できるよう、理由は具体的に記載をする必要があります。

　「契約違反があったため」「作業内容にミスがあったため」といった

165

抽象的な記載では、フリーランスのどのような行為が契約終了の原因になったのかが分からないため、記載として十分ではありません。

2　理由の記載のポイント

契約の終了理由を記載する際には、どのような事実が対象となるのか、5W1H（いつ、どこで、誰が、何を、なぜ、どのように）に気を付けるとよいでしょう。

また、業務委託契約書上の解除事由に基づいて契約解除をする場合には、フリーランスのどのような行為が、業務委託契約書のどの条項の文言に当たるのかを記載する必要があります。

3　具体的な記載例

契約の不更新の場合の記載例として、例えば、以下のようなものが考えられます。

〈マッサージ施術業務〉
「本件業務委託契約は、○○三鷹店でのマッサージ施術業務の提供を目的とするところ、建物老朽化により、令和○年○月○日をもって○○三鷹店が閉業となるため」

〈営業業務〉
「貴殿が令和○年１月〜４月に取得したアポイントメントは、１か月あたり平均0.5件であるところ、業務委託契約書○条に定めた「１か月あたり３件以上のアポイントメント取得」のノルマを「３か月以上達成することができなかった」に該当することから、本件業務委託契約の更新は行わず、令

和〇年〇月〇日をもって契約期間満了とする。」

　契約を中途解除する場合の記載例として、例えば、以下のようなものが考えられます。

〈翻訳業務〉
「事業縮小等当社の都合（具体的には、翻訳業務を伴う部署を閉鎖したことにより、委託をした翻訳業務が不要となったため）」

〈貨物運送業務〉
「甲が乙に委託した、A物流センターからB倉庫への午前便での貨物の運送業務が廃止されたことが、契約解除の「正当な理由」（貨物運送基本契約書第〇条第〇号）に該当する」

Q 3-47 契約解消の理由開示請求の時期

フリーランスが継続的業務委託の契約解消の理由の開示を請求できる時期とは、いつまででしょうか。その時期を過ぎた後に請求された場合には、請求を拒むことはできますか。

A

契約解消の理由を開示する義務を負うのは、事前予告をしてから契約が終了するまでの間です。もっとも、発注者が事前予告義務を怠って契約を解消した場合は、契約終了した後であっても解消の理由を開示しなければいけません。また、トラブル回避のためには、契約解消後であっても理由開示請求があれば柔軟に対応したほうがよいでしょう。

解説

1 理由解除請求に応じなければならない時期

フリーランス法16条2項は、フリーランスが継続的業務委託の契約解除の理由の開示を請求できる時期を、「契約が満了する日まで」と定めていますから、契約満了日の翌日以降は、理由開示請求には応じなくてもよく、拒んでも法律上の制裁が科されることはありません。

また、フリーランスが継続的業務委託の契約解除の理由を請求できるのは、フリーランス法16条1項の契約解除の事前予告を受けた以降からですので、事前予告の例外事由があることから、事前予告せずに契約解除ができる場合には、契約解除の理由の開示の請求対象にはなりません。

2 事前予告義務があるのに予告を怠った場合

もっとも、発注者が、フリーランス法16条1項の解除の事前予告を

しなければならないのに、事前予告せずに契約の解除してしまった場合には、フリーランスは契約終了後にしか契約の解除の理由を請求することができません。このような事前予告を欠いた解除をした場合には、解除後であっても、フリーランスは契約解除の理由を開示するよう請求できるとされていますので注意が必要です。

3　トラブル回避のための対応

「契約終了日を過ぎたから、理由開示には一切応じない」などと、発注者があまりにかたくなな態度をとると、フリーランスとの間でトラブルが生じるリスクが高まります。

業務委託契約の解除を相手方の不利な時期に行った場合には、発注者は、フリーランスに対し損害賠償責任を負う場合があります（民法651条2項1号）が、そのような場合でも、契約を解除する「やむを得ない事由」があった場合には、損害賠償義務を負わないことになっています（同条本文ただし書）。この観点からは、たとえ契約終了日以降であっても、契約の解除を行う正当な理由があったことをフリーランスにきちんと示しておくことは、トラブル回避のために有用なことといえます。

フリーランスから契約解消の理由の開示を求められた場合には、契約終了日からどの程度の時間が経っているのかにもよりますが、契約終了日を過ぎていたとしても、発注者は柔軟に対応したほうがよいでしょう。

Q 3-48 契約解消の理由開示が不要な場合

第三者の利益を害するおそれがある場合等には理由の開示が不要ということですが、具体的にはどのような場合ですか。

A

契約の解消理由を開示することにより、発注者やフリーランス以外の第三者の私生活上の重大な秘密（プライバシー）や営業秘密（不正競争防止法2条6項）を開示することになってしまう等の場合には、例外的に理由の開示が不要な場合と考えられます。

解説

1　例外的に理由開示が不要な場合

フリーランスが契約の解除の理由を発注者に請求した場合、発注者が遅滞なくこれを開示しなければいけないのが原則です。フリーランスが契約の存続に向けた交渉、別の取引に向けた自らの事業の見直しに取り組むことができるよう、またトラブルを回避できるようにするために、契約の解除の理由の開示を求めることができるというのが理由です。

しかし、以下に解説する3つの場合には、例外的に理由の開示が不要とされています（法16条2項ただし書、厚労省規則6条）。

2　第三者の利益を害するおそれがある場合

まず、「第三者の利益を害するおそれがある場合」には、理由開示が不要です（厚労省規則6条1号）。「第三者の利益を害するおそれがある場合」とは、契約解消の理由を開示することにより、発注者やフリーランス以外の第三者の利益を害するおそれがある場合をいいます。

第6節　契約の解消

　具体的には、契約解消の理由を開示した場合に、第三者の私生活上の重大な秘密（プライバシー）や営業秘密（不正競争防止法2条6項）を開示することになってしまう場合等が考えられます。

3　他の法令に違反することとなる場合

　「他の法令に違反することとなる場合」にも、理由開示は不要です（厚労省規則6条2号）。「他の法令に違反することとなる場合」とは、契約の解除の理由を開示することにより、法律上の義務に違反することとなる場合をいいます。

　具体的には、解除の理由を開示することが、法律上の守秘義務違反となってしまう場合等が考えられます。

4　事前予告の例外に該当する場合

　このほか、事前予告の例外に該当する場合（**Q3-43**参照）も、理由の開示は不要です。理由の開示は、事前予告から契約満了までの間に請求することができるものですので（**Q3-47**参照）、事前予告が不要となり契約期間が満了している以上、理由の開示も不要となる（フリーランスからは請求できない）というわけです。

　もっとも、**Q3-47**で述べたとおり、事前予告の例外事由に当たらないにもかかわらず事前予告を怠った場合には、当然に理由開示の対象となりますので注意してください。

171

第3章　フリーランス法の解説と実務対応

Q 3-49 理由開示義務違反の制裁

発注者が理由開示義務に違反した場合、どのような制裁がありますか。

A

発注者が理由開示義務に違反したことが発覚した場合、発注者は、都道府県労働局長から指導・助言を受け、勧告を受けることがあり、勧告に従わない場合には命令を受けることもあります。命令を受けた場合には、その旨を公表されることがあり、命令に従わない場合には罰金を課されることもあります。

解説

　発注者が理由開示義務に違反した場合、フリーランスはその旨を都道府県労働局長に申し出て、適当な措置をとるよう求めることができます（法17条1項）。

　なお、フリーランスがこのような申出を行うことは、発注者にとっては腹立たしいことかもしれませんが、申出を行ったことを理由として、不利益な取扱いを行うことは許されません（法17条3項、6条3項）。

　フリーランスからの申出を受けて、都道府県労働局長は事実関係等の調査を行います（法17条2項）。

　都道府県労働局長は、発注者に指導・助言を行うことができます（法22条）。発注者の理由開示義務違反が認められ、指導・助言でも改善が見られない場合、都道府県労働局長は、発注者に対して、違反を是正、防止するために必要な措置をとるよう勧告することができます（法18条）。

　発注者が、勧告を受けたにもかかわらず従わない場合、都道府県労働局長は、違反を是正、防止するために必要な措置をとるよう命令す

第6節　契約の解消

るとともに、その旨を公表することもできます（法19条1項、2項）。

　さらに、発注者が命令にも従わない場合、50万円以下の罰金を科されることがあります（法24条2号）。

　このように、理由開示義務に違反した場合には、徐々に強度の強い制裁が用意されているため、万が一、都道府県労働局長から報告要請、検査、指導・助言などを受け、違反行為が存在する場合には速やかに必要な是正措置をとることが、その後のより強度な制裁（特に、都道府県労働局長に命令を受けたことを公表され、あるいは刑事罰まで課せられる事態）を避けるために極めて重要です。

173

第3章　フリーランス法の解説と実務対応

3　フリーランスによる契約解消

Q3-50　**フリーランスからの事前予告義務・理由明示義務の有無**

フリーランスから契約を中途解除したり更新しないこととする場合、発注者はフリーランスに30日前までに予告を求めることができるのでしょうか。また、フリーランスが契約を解除する場合の理由を発注者は求めることができるのでしょうか。

A　フリーランス法において、契約解消の事前予告義務や理由明示義務を負うのは発注者のみであり、フリーランスはこの義務を負いません。もっとも、個別の契約によって、フリーランスに当該義務を負わせることは可能ですが、あまりに長期間の事前予告を求めることは無効とされる場合もあります。

解説

1　業務委託契約は自由に解除できるのが原則

フリーランス法16条1項、2項において、継続的業務委託の中途解除または不更新の場合の事前予告義務や理由明示義務を負う主体は、発注者とされており、フリーランスには適用されません。したがって、フリーランスが契約解消しようとする場合は、契約に記載がない限り、民法が適用されます。

民法上、業務委託契約は、いつでも自由に解除できることが原則です（民法651条）。しかも、契約の解除に特に理由はいりません。もっとも、やむを得ない事情がある場合を除き、相手方の不利な時期に契約解除をすると、相手方の損害を賠償しないといけません。

第6節　契約の解消

　したがって、フリーランスは、業務委託契約をいつでも自由に解除でき、事前予告義務や理由明示義務を負いません。

2　個別の契約による修正

　ただし、フリーランスと発注者が締結する契約で、発注者とフリーランスが合意して、フリーランスが契約を解消しようとする場合の事前予告義務や理由明示義務を負わせる内容の規定を設けることは可能です。

　もっとも、民法上の原則は、いつでも自由に契約を解除できることになっていますので、フリーランスに対してのみ、あまりに長期間の事前の予告を求めることは、フリーランスに過度の負担を一方的に負わせるものであり、このような契約は無効となる可能性もあります（**Q3-51**、**Q3-52**参照）。

175

Q 3-51 フリーランスの中途解除・不更新を制限する契約の効力

当社は、フリーランスに突然仕事を辞めてもらったら困るので、契約上、フリーランスから契約を中途解除したり更新しないこととする場合、1か月前までに通知しなければならないと定めています。ところが、フリーランスから、このような条項は不当だと言われてしまいました。何か問題があるのでしょうか。

A フリーランス法では、フリーランスから中途解除・不更新を事前予告することは求められていませんが、契約で事前予告義務を設けていても、事前予告義務が課される期間が不当に長い場合には、事前予告なくフリーランスが契約を解除することが認められる可能性があります。

解説

1 フリーランスからの解除の事前通知の規制はありません

発注者は、6か月以上の期間行う継続的業務委託を解消しようとする場合、原則として少なくとも30日前までにフリーランスに対して予告する義務があります（法16条1項、令3条）。

これに対し、フリーランスが契約を解除したり不更新とする場合には、フリーランス法上、事前予告に関する規制はありません。

民法という法律では、業務委託契約はいつでも契約を解除できるのが原則となっています（民法651条1項）。

もっとも、契約によって、民法651条1項とは別の規定を設けることは可能ですが、例えば「フリーランスから契約を中途解除したり更新しないこととする場合、6か月前までに通知しなければならない」

といった条項など、フリーランスが契約を解除する場合に事前の予告を必要とする契約の定めをおくことはできるのかが問題となります。

2　フリーランスが解除する場合の事前予告義務条項の有効性

（1）事前予告義務が無効であるとの考え方

　フリーランスが契約を解除する場合に事前の予告を必要とする条項は、フリーランス法で発注者に課されている30日前予告義務よりも相当長い期間の予告を義務付ける場合もあります。その場合フリーランスが体調不良や過酷な業務環境を理由に契約を終了させようと思っても容易に終了させることができず、他の業務を行う機会を失わせることにもなり、フリーランスに重い負担を生じさせるものと考えられます。

　このため、発注者がフリーランスに不当に長期間の事前予告義務を課すことは、取引上の地位が優越している発注者が一方的に条件を設定し、フリーランスに不当に不利益を与えるものであるとして、優越的地位の濫用（独禁法2条9項5号ハ）に該当しうること、長期間の契約関係の継続を強制されることでフリーランスの職業選択の自由（憲法22条）を不当に制限するものであることなどを理由にして、当該条項が公序良俗に反して無効であると判断される可能性があります。無効となった場合、フリーランスは事前予告をすることなく、いつでも中途解除することができます。

（2）契約の際に発注者とフリーランスが十分に協議したか否かも　　重要ポイント

　フリーランスが契約を解除する場合に事前の予告を必要とする条項があったとしても、発注者が一方的に盛り込んだ規定であり、フ

リーランスは業務委託契約を解除する権利を放棄したという事情は
ないことを理由に、民法651条１項の原則どおり、いつでも解除す
ることができると解釈される場合も考えられます。

東京地裁令和２年12月22日判決は、「甲乙は、契約期間内といえ
ども、３ヶ月前の予告期間をもって文書で相手方に本契約の解除を
申し入れることができ、この場合、甲乙協議・了承の上、予告期間
の満了と同時に本契約は終了する。」との解除規定について、「その
文言自体から、本件基本契約の解除について当事者双方の同意を効
力発生要件とするものと一義的に解することはできない。」とした
上で、当該解除規定が双方で協議されることなく作成され、規定の
文言の意義が検討されていなかった事情のもと、解除権を放棄した
ものとは認められず、民法651条１項に基づいていつでも解除でき
ると判断しました。

第6節　契約の解消

Q 3-52 フリーランスの中途解除・不更新に伴う違約金条項の効力

当社は、フリーランスに突然仕事を辞めてもらったら困るので、契約上、フリーランスから中途解除したり契約を更新しないこととする場合、違約金を支払わなければならないと定めています。ところが、フリーランスから、違約金を定めた条項は無効だと言って支払いを拒否されました。この条項は無効になるのでしょうか。

▼ ▼

A フリーランスからの中途解除や契約を更新しない場合には違約金を支払うことを発注者とフリーランスが契約で定めることはできます。ただし、発注者がフリーランスに対して十分な説明をすることなく、一方的に違約金条項を設定した場合や、違約金の額が損害に比べて著しく過大といえる場合は、無効と判断される場合があるので注意が必要です。

▼ ▼

解説　1　違約金条項とは

業務委託契約では、フリーランスが契約開始日から一定期間内に契約を解除した場合、フリーランスが事前予告なく契約を解除した場合、その他契約違反があった場合等に、契約書に定められた額の違約金を支払わなければならないと定められることがあります。

ここでの違約金とは、フリーランスが契約を中途解除したり更新しない場合に発注者に生じる損害額をあらかじめ契約で定めたもの、すなわち損害賠償額の予定であると考えられます（民法420条3項）。契約書にこの違約金条項があることにより、発注者は損害の発生と損害

179

第3章　フリーランス法の解説と実務対応

額を証明することなくフリーランスに対して損害賠償を請求することができることを目的とするものです。

2　違約金条項の効力

労働契約の場合であれば、違約金の定めをすること自体禁止されているため（労基法16条）、違約金条項は無効となります。このため、仮にフリーランスが偽装フリーランス（労基法上の労働者）である場合には、違約金の支払義務はありません。

フリーランスが偽装フリーランスであるとまではいえない場合であっても、発注者との力関係から、フリーランスと十分な説明をすることなく一方的に違約金の条件を設定された場合や、過酷な業務を強いられ疾病を発症したことからやむなくフリーランスが契約を解除するような場合にまで、発注者の損害に比べて高額な違約金を課されたりする場合などは、違約金条項どおりに違約金を支払うことが不当であると考えられます。

取引上の地位が優越している発注者が一方的に条件を設定し、フリーランスに不当に不利益を与える場合には、優越的地位の濫用（独禁法2条9項5号ハ）の問題となりえます。そして、公序良俗違反（民法90条）を理由に違約金条項が無効となる可能性もあります。

このため、発注者がフリーランスに対して十分な説明をすることなく、一方的に違約金条項を設定し、違約金の額が損害に比べて著しく過大といえる場合等には、発注者からの違約金請求を受けた場合にも、公序良俗違反を理由に違約金条項が無効であり、支払う義務がないと判断される可能性もあるので、注意が必要です。

180

第6節　契約の解消

4 実務対応

Q 3-53
契約解消時のあるべき実務対応
発注者が、フリーランスとの契約解除の際にフリーランス法を遵守し、かつトラブルを防止するためには、どのような実務対応をとる必要があるのでしょうか。

▼▼▼▼▼▼▼▼▼▼▼▼▼▼▼▼▼▼▼▼▼▼▼▼▼▼▼▼▼▼▼▼▼▼▼▼

A
発注者がフリーランスとの継続的業務委託契約を解除する場合には30日前までに予告できるよう、契約書のひな型を整備しておきましょう。フリーランスからの解除に予告期間を設けることは可能ですが、1〜3か月程度にとどめ、過度に長い予告期間を定めないようにしましょう。フリーランスに違約金を課す条項を設けることも、あまりお勧めはできません。

▼▼▼▼▼▼▼▼▼▼▼▼▼▼▼▼▼▼▼▼▼▼▼▼▼▼▼▼▼▼▼▼▼▼▼▼

解説
1　発注者からの契約解除について

　発注者が、フリーランスとの間で6か月以上の継続的業務委託をした場合に、契約解除する場合には、少なくとも30日前までに、契約を解除することの予告をしなければいけません（法16条1項）。契約を解除する場面では、フリーランス法で定められた上記のルールを遵守することは、当然、求められます。

　フリーランスとのトラブルを事前に防ぐための観点からは、フリーランスとの業務委託契約書に、発注者からの契約解除について次の例のような条項を加えて、契約期間途中でも契約解除がありうることや、その場合には発注者が事前に予告することをフリーランスに示しておくとよいでしょう。

　なお、フリーランスに責任がないのに発注者が契約を解除すると、

181

第3章　フリーランス法の解説と実務対応

フリーランス法上の禁止事項（受領拒否（法5条1項1号、Q3-21参照）、不当な給付内容の変更（法5条2項2号、Q3-27参照））に該当する可能性があるのでこの点も注意してください。

　また、相手方の不利な時期に委託を解除したことによる損害賠償請求を負う可能性もあります（民法651条2項）。

第○条（期間途中の契約の解除）
甲は、契約期間中に、本契約を解除する場合には、30日前までに書面または電子メール等により予告する。ただし、災害その他やむを得ない事由により予告することが困難な場合その他厚生労働省関係特定受託事業者に係る取引の適正化等に関する法律施行規則第4条で定める場合は、30日前までに予告せず契約を解除することができる。

第○条（契約期間及び更新）
本契約の有効期間は，本契約締結の日から6か月とする。期間満了日の30日前までにいずれの当事者からも何らの意思表示がない場合，同じ条件でさらに6か月更新されるものとし，その後も同様とする。

2　フリーランスからの契約解除について

　フリーランスからの契約解除については、フリーランス法では、特に事前予告が義務付けられていません。そして、Q3-51で述べたとおり、民法上、業務委託契約は、いつでも契約を解除することができることになっています。

　しかし、発注者からみると、フリーランスから突然、契約解除され

ると発注者の業務に支障が出ることが考えられますので、業務委託契約書に、フリーランスから契約解除する場合にも事前予告を要することを明記しておくことは考えられます。ただし、この事前予告の期間は、発注者に課せられる事前予告の期間が30日以上となっていることのバランス等から、あまりに長期間の事前予告を求めるべきではありません（**Q3-51**参照）。せいぜい１～３か月程度として、不必要にフリーランスからの契約解除を制限しないようにしましょう。

　フリーランスが解除予告期間に反して、契約を解除した場合に、フリーランスに対して解除をする場合に高額の損害賠償金の支払いを求める等して強硬にフリーランスに契約を継続させようとする事例も見受けられますが、いたずらに紛争リスクを高めるだけですし、強制的に働かせ続けることも不可能ですから、そのような対応はするべきではないでしょう（**Q3-52**参照）。

第4章

ケーススタディで見る
フリーランス法

第4章　ケーススタディで見るフリーランス法

| 第**4**章 | ケーススタディで見るフリーランス法 |

| CASE 1 | フリーランス・トラブルの実情 |
| | 共通 |

事 例

　どのようなフリーランス・トラブルが起こっているのでしょうか。どのような業種でフリーランス・トラブルが多いのでしょうか。フリーランス・トラブルの実情を教えてください。

解 説

1　フリーランス・トラブル110番で多い相談類型

　フリーランス・トラブル110番（**Q1-1**参照）での相談で最も多いのは、報酬の支払いに関する相談です。次いで、契約条件についてのトラブル、フリーランスからの契約解除、発注者からフリーランスへの損害賠償、発注者からの契約解除、労働者性の問題、ハラスメントの相談が続いています。

186

図表1　フリーランス・トラブル110番の相談事例

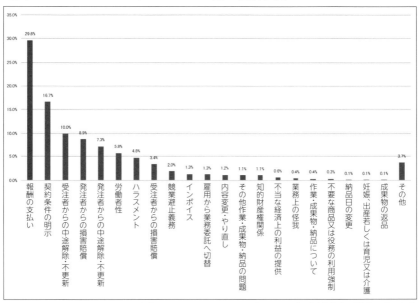

出典：フリーランス・トラブル110番の相談内容（令和6年3月）

　フリーランス法により、報酬の一方的な減額や、報酬の支払遅延、契約条件に関するトラブル、発注者からの突然の一方的な解除、ハラスメントについてのトラブルの予防、減少が期待されます。フリーランス法を効果的に活用する発注者とフリーランスの主体的な姿勢が重要になります。

2　報酬未払のトラブル

　報酬未払のトラブルは、発注者が報酬を支払ってくれない、発注者からの報酬の支払が遅れている、発注者から報酬を一方的に減額されたというトラブルが多いです。

　発注者とフリーランスの業務委託は、その多くが、発注者からの委

託内容に基づいて、フリーランスが役務を提供したり、成果物を発注者に納品したりした後に、発注者が報酬を支払います。発注者からみると、フリーランスが行った業務や、成果物が期待したものではなかったと考え、報酬を支払わなかったり、あらかじめ決められた報酬を一方的に減額したりすることが生じたりします。

　これらのトラブルについては、フリーランス法5条1項に定める報酬減額の禁止などの発注者の遵守事項や、同法4条に定める報酬の支払期日の制限が適用される可能性があります。

3　契約条件の明示に関するトラブル

　契約条件の明示に関するトラブルは、契約条件を書面により明示してくれない、契約条件があいまいになっている、フリーランスへの募集条件と実際の契約が異なっているというトラブルです。フリーランスに委託する業務内容が不明確だったり、支払うべき報酬の金額が明確でないまま、フリーランスへの業務委託が開始した後に、発注者からみれば満足した業務をしてくれなかったとか、期待した成果物が納品されなかったというトラブルが起こります。フリーランスからすれば、期待した報酬を支払ってくれなかったというトラブルになります。

　これらのトラブルについては、フリーランス法3条の契約条件の明示義務、同法5条の受領拒否の禁止、返品の禁止や、同法12条の募集情報の的確表示義務が問題になります。

4　フリーランスからの契約解消のトラブル

　フリーランスから契約を解消したくても、発注者が認めてくれなかったり、解除に対して損害賠償を求めたり、違約金の支払いを求められたりすることにより、フリーランスが契約を解除できずに不本意な契約を継続せざるを得なくなっているというトラブルです。

第4章　ケーススタディで見るフリーランス法

　業務委託をフリーランス側から解除したいと考える原因は、フリーランスが受託した業務の実際の内容が、事前の発注者の説明と異なっていたというものも多いです。

　フリーランス法は、フリーランスからの契約解除に関する直接の規定を設けてはいませんが、発注者とフリーランスとの間の契約のミスマッチを防ぐため、同法12条の募集情報の的確表示義務、同法3条の契約条件の明示義務が関連します。

5　発注者からの損害賠償

　発注者からの損害賠償のトラブルで最も多いのは、フリーランスが受託した業務を途中でやめたことにより、発注者がフリーランスに対し損害賠償を求める場合です。フリーランスからの契約解除の場面と同時に問題になることが多いです。

　このトラブルについては、直接制限する規定はありませんが、報酬から一方的に賠償金を控除したような場合は、フリーランス法5条による報酬の一方的な減額を禁止する条項などが適用される可能性があります。

6　発注者からの契約解除のトラブル

　発注者からの契約解除は、発注者から突然、業務委託を解除されたというトラブルです。

　このトラブルについては、フリーランス法16条により、契約期間が6か月以上の継続的業務委託については、30日前までに事前予告する規定が適用されます。このほか、契約解除がフリーランス5条にいう受領拒絶や不当な給付内容の変更に当たり、許されないとされる可能性もあります。

189

第4章　ケーススタディで見るフリーランス法

7　ハラスメント

　ハラスメントは、発注者や、発注者の所属する職員からのハラスメント、様々な関係者が集まって業務をする場合に発生するハラスメントの相談が寄せられています。

　このトラブルについては、フリーランス法14条により、フリーランスとの業務委託契約の関係にある場合であっても、発注者は自社の労働者と同じハラスメントに対する措置が求められます。

8　その他のトラブル

　これらのトラブル以外には、競業避止義務や、何度もやり直しを命じられるトラブル、著作権などの知的財産権のトラブルなどがあります。

　これらについても、フリーランス法3条により、発注時に契約条件をできるだけ明確にしておいたり、法5条の遵守事項を守ったりすることにより、防止することが期待されます。

9　発注者とフリーランスがともにフリーランス法をよく理解しておくことが必要

　以上のとおり、フリーランス法は様々な規制が設けられていますが、これを効果的に活用してトラブルを未然に防ぐには、発注者・フリーランスともにフリーランス法をよく理解し、主体的に活用していく姿勢が求められます。

190

第4章　ケーススタディで見るフリーランス法

CASE 2	報酬支払拒否
	運送関係　システム開発、ウェブ作成関係　建設関係 デザイン関係　映像・カメラマン　ライター　製造・組み立て その他多くの業種

事 例

　フリーランスに対して、テレビ番組の台本制作を発注しました。フリーランスから台本は提出され、番組自体の制作もしました。しかし、社内で検討したところ、その番組内容では高い視聴率を得ることは困難であるため、放送自体を中止することになりました。その原因の一つに、台本の内容が不十分だったこともあると考えています。おかげで、番組の放映に伴うスポンサー料なども支払われませんでした。よって、台本制作に対する報酬の原資はなく、支払うことはできません。そもそも、番組の台本は、その番組が放映されることが前提となるはずですから、番組放映がなされなかった以上、報酬支払義務はないと思います。このような理由で報酬の支払いを拒むことはできますか。

解 説

　報酬の支払を拒むことは許されません。

　この事例では、報酬支払の条件を明示していなかったことが、トラブルの原因といえます。

　台本は、情報成果物に該当しますが（法2条4項3号、解釈ガイドライン第1部1（2）イ（ア）③）、この事例では、給付の内容について「検査を完了する期日」が明示されておらず（3条通知（**Q3-8**参照）、公取委規則1条1項6号）、かつ「情報成果物が一定の水準を満たし

191

第4章　ケーススタディで見るフリーランス法

ていることを確認した時点で給付を受領したこととする合意」をしておりませんので、契約で明示された納期（法３条）に情報成果物が発注者の支配下にあれば、検査なくして「給付を受領した」と見なされます（解釈ガイドライン第２部第２の１（１）イ）。

　この事例の場合、仕事の成果物は「台本」そのものであって、制作された番組が放映されたか否かは、成果物の納品、受領とは関係がありません。台本そのものは納品されており発注者によって受領がなされていますので、発注者には報酬支払義務が発生しています（法４条）。番組の放映を報酬の支払条件としたかったならば、それを契約書や発注書に明示すべき事例でした。

　よって、特に報酬の支払条件を明示していない限り、発注者が報酬の支払いを拒むことは報酬の支払遅延（法４条１項）となり、報酬の支払いを拒むことはできません（**Q3-13**参照）。

【💋 ポイント解説】

・情報成果物は、「検査を完了する期日」と「情報成果物を受領する条件に関する合意」を３条通知に書いておかないと、納期までに納品されれば「給付を受領した」と見なされます。

・報酬の支払条件を明示していない場合には、成果物受領後に報酬の支払を拒むことはできません。

第4章　ケーススタディで見るフリーランス法

CASE 3	報酬支払遅延		
	運送関係 　システム開発、ウェブ作成関係 　建設関係		
	デザイン関係 　映像・カメラマン 　コンサルタント 　ライター		
	製造・組み立て 　その他多くの業種		

事例

　当社（B社）は、Ａ社より家屋の修繕のための足場を組む業務（元委託業務）を請負い、それをフリーランス（C）に委託（再委託）しました。業務はCによって滞りなく行われ、家主や他の工事業者からのクレームもありませんでした。しかし、当社は、Ａ社から発注される業務に依存しているため、他にあてにできる収入がなく、普段の資金繰りも困難な状況が続いており、Ａ社によって支払われる報酬以外に、Cに報酬を支払う資金がありません。Ａ社による報酬支払がなされるまで、Cに報酬の支払いを待ってもらうためにはどうすればよかったのでしょうか。

解説

1　元委託事業者からフリーランスに再委託する場合の支払期日

　この事例では、業務の再委託がなされた場合の、報酬支払期日に関するルールが問題となります。

　フリーランス法では、原則、発注者がフリーランスから給付を受領した日から60日以内に発注者はフリーランスに報酬を支払う必要がありますが（法4条1項）、例外として、発注者が元委託者からフリーランスに再委託した場合には、一定の条件を満たせば、元委託者（Ａ社）からB社への報酬支払期日から30日以内のできるだけ短い期間内

193

第4章　ケーススタディで見るフリーランス法

に支払うことができるという特例（法4条3項、4項）があります。

　この例外は、A社→B社→フリーランス（C）のように、業務の再委託がなされた場合であって、B社がA社から報酬を得られないうちにフリーランス（C）には報酬を払う必要があるとすると、そもそもB社がフリーランス（C）に再委託することを控えるようになり、結局フリーランスのためにならないことを考慮して設けられたものです。

2　元委託事業者からの入金を待って報酬を支払うための要件

　しかし、この例外が認められるためには、以下の3つの情報を、発注時に契約書や発注書等においてフリーランスに明示する必要があります（法4条3項、公取委規則6条）。

---

① 「再委託である旨」
② 「元委託者の商号、氏名もしくは名称または事業者別に付された番号、記号その他の符号であって元委託者を識別できるもの」
③ 「元委託業務の対価の支払期日」＝A社がB社に報酬を支払う「予定の」日

　その上で、B社とCとの契約書や発注書等において、B社の報酬支払期日を、A社の報酬支払予定期日から30日以内に設定することが必要です（法4条3項）。B社のCに対する報酬支払期日を、A社の報酬支払予定期日から30日を超える日に設定した場合でも、30日以内に支払う義務がありますし、B社のCに対する報酬支払期日を設定しない場合には、A社のB社に対する報酬支払予定期日が、B社のCに対する報酬支払期日であるとみなされます（法4条4項）。

第4章　ケーススタディで見るフリーランス法

　これらの条件が整わない限り、Cに対して報酬の支払を待ってもらうことはできません。

　なお、これらの条件が整ったとしても、B社のCに対する報酬支払期日は、あくまでもA社がB社に対し報酬を支払う「予定の」日が基準になります。逆に、実際にはA社が「予定」日に報酬を支払ってくれなかった場合であっても、B社がCに報酬を支払うべき日は変わりません。したがって、A社から報酬をもらえないからといって、B社がいつまでもCに対する支払を待ってもらえるわけではないことには注意してください。

【 ✌ ポイント解説】

・B社がCに対して、発注時に、「B社とCとの契約が再委託であること」、「元委託者がA社であること」、「A社のB社に対する報酬支払予定期日」を明示しておけば、A社のB社に対する報酬支払予定期日から30日以内に支払えば足ります。

・しかし、あくまでもA社の報酬支払「予定」期日が基準となるため、A社から報酬をもらえないからといって、いつまでもCへの支払を待ってもらえるわけではありません。

195

第4章　ケーススタディで見るフリーランス法

CASE 4

報酬減額

運送関係　システム開発、ウェブ作成関係　建設関係
デザイン関係　映像・カメラマン　ライター　その他多くの業種

事例

　フリーランスに対して、ウェブデザインの仕事を発注しました。どのようなウェブデザインを作ってもらうかはどう指示を出してよいかわからなかったのでフリーランスの方に示していませんでした。フリーランスよりウェブデザインは提出されましたが、社内で検討したところ、そのデザインでは満足が得られませんでしたので、フリーランスに修正を求めました。しかし、フリーランスから、「成果物が納品されたのだから、それに対する報酬が支払われるべきであり、修正に関しては別途費用がかかる」と言われたため、修正そのものをあきらめ、他のフリーランスにウェブデザインを発注することにしました。当社としては、満足の得られる成果物が納品されていないのですから、その分の報酬は減額されるべきと思います。

解説

　報酬を減額することはできません。

　この事例では、「何を成果物とするのか」を明確化して明示しなかったことがトラブルの原因といえます。

1　「何を成果物とするのか」を明示しなかった場合の原則

　ウェブデザインのようないわゆる制作（クリエーション）業務による成果物を「情報成果物」（法2条4項、解釈ガイドライン第1部1（2）

196

イ（ア））といいますが、発注者は情報成果物の規格、仕様などについて、契約時にフリーランスに対して明示する必要があります（契約条件明示義務（3条通知）、法3条1項、公取委規則1条1項3号）（**Q3-8**参照）。

　もし、発注者があらかじめ「何を成果物とするのか」について明確に明示していれば、この事例のようなトラブルが発生する可能性はより低くなったと考えられます。なぜなら、そのようにすることによって、無償によるやり直しの依頼がなされることをフリーランスがあらかじめ想定することが可能であったからです。

　この事例では、「なにを成果物とするのか」について明示がなされていなかったと想定されますので、フリーランスによりウェブデザインが納品された以上、「成果物」が「給付」されたとして発注者に報酬全額の支払義務が発生します。この場合に、発注者がやり直しの費用に相当する金額を差し引いて、報酬を減額することは、「報酬の一方的な減額」（法5条1項2号）として違法となります（**Q3-22**参照）。

2　情報成果物の内容を発注時に明示できない場合の対応

　しかし、情報成果物に関しては、本質的に発注時に明確な規格、仕様などを明示できないことがあります。なぜなら、情報成果物は、そもそも発注者が内容を具体化できないからプロに任せているわけですし、制作されたデザインなどを確認しないと発注者が満足する成果物か否か評価、判断することが困難だからです。

　そこで、「なにを成果物とするのか」について明示できない場合（これを「未定事項」といいます。）には、発注時に明示できない理由およびこれを定めることとなる予定期日を明示するという方法があります（法3条1項ただし書、公取委規則1条4項）。この方法により、少なくとも発注時に情報成果物の規格、仕様などについて明確な明示

第4章　ケーススタディで見るフリーランス法

をする必要はなくなります。ただしこの場合、発注者は未定事項についてフリーランスと十分な協議をした上で速やかに定める必要があり、これを定めた後は速やかにフリーランスに通知しなければなりません（解釈ガイドライン第2部1（3）ケ（イ））。

また、発注者がフリーランスと十分な協議を行わないまま、一方的に無償によるやり直しを決定することは、「不当なやり直し」に該当し違法となりますので注意が必要です（法5条2項2号、解釈ガイドライン第2部第2の2（2）キ（カ））。

法5条の禁止事項に該当しないようにするためには、フリーランスから給付の内容について問い合わせがあった場合に、迅速にフリーランスに求める給付の内容に関する情報を提供することが重要です。

仮に発注当初に明確に示すことができなくても、作業の進捗に応じて、発注者がフリーランスに具体的かつ明確に示すことがポイントとなります。

【 ✔ ポイント解説】

・「何を成果物とするのか」明示がなされていない場合、発注者側が成果物に満足できなかったとしても、報酬の減額をすることはできません。

・「なにを成果物とするのか」発注時に明示できない場合、明示できない理由およびこれを定めることとなる予定期日を明示することにより、明示しないで発注することはできますが、その後、フリーランスとの間で十分に協議した上で定め、その定めた内容を明示する必要があります。

第4章　ケーススタディで見るフリーランス法

CASE 5	成果物の受領拒否
	システム開発、ウェブ作成関係　デザイン関係　映像・カメラマン　ライター

事 例

　フリーランスに対し、当社のPR動画の製作を依頼しました。フリーランスからは納期どおり動画を見せてもらったところ、その出来が悪かったので、動画の納品を受けたくないのですが、可能でしょうか。成果物を受け取らないと、具体的にどのような法的リスクやトラブルが生じるのでしょうか。フリーランス法に違反しないように、どのように対応することになるのでしょうか。

解 説

1　成果物の受け取り拒否が起こりやすい業種

　成果物の受け取り拒否が生じやすい業種として、例えば、イラスト、デザイン、ウェブサイトや動画等の制作が挙げられます。発注者側からは、ビジュアルが元々抱いていたイメージに合致しないという理由で拒否する事例が多くみられます。また、システムのソフトウェア開発においても、機能が業務のフローに合わない、多数のバグがあるという理由から、成果物の受け取り拒否が生じることがあります。

2　成果物の受け取りを拒否することができる場合

　発注者は、フリーランスの「責めに帰すべき事由」がない限り成果物の受け取りを拒否することができません（法5条1項1号。**Q3-21**参照）。平たく言えば、フリーランス側に責任がある場合に限り、成

199

第4章　ケーススタディで見るフリーランス法

果物の受け取ることを拒むことができるのです。

ガイドラインでは、フリーランスに責任がある場合とは、次の二つの場合に限るとされています。

①フリーランスの給付の内容が委託した内容と適合しない場合

ただし、この場合であっても、発注者がフリーランスに発注する際3条通知（**Q3-8**参照）により、委託内容を明確にしておらず、または検査基準を明確にしていない等のため、フリーランスの給付の内容が委託した内容と適合しないことが明らかでない場合は、受け取りを拒否できません。

②発注者が通知した納期にフリーランスの納品が遅れたため成果物が不要になった場合

ただし、この場合であっても、発注者がフリーランスに発注する際に、納期が明確に記載されていなかったために納期が遅れた場合や、納期がフリーランスの事情を考慮せずに一方的に決定された場合は、受け取りを拒否できません。

フリーランスに責任がないのに、発注者が成果物の受け取りを拒んだ場合は、フリーランスから公正取引委員会への申出の対象となり、公正取引委員会からの調査の対象となり、調査の結果、勧告等の対象となります（法8条3項、9条。**Q3-28**参照）。

契約上も、あらかじめ定めた成果物の対価の支払いを免れることができません。

3　法的リスクやトラブルを回避するために事前に対応すべきこと

以上のとおりですから、フリーランスから給付の内容が満足できないという理由でトラブルにならないようにするためには、フリーランスに委託する内容や求める成果物の仕様を明確にしておくことが必要です。フリーランス法3条では、発注の際に、フリーランスの給付の

内容や、納期を明確に通知することが求められていますので、なによりも発注者は、この点を守らなければなりません。

　フリーランスに委託する業務によっては、発注時には、求める給付の内容が定めらない場合があるかもしれません。フリーランス法３条では、発注時に定められない場合について正当な理由がある場合には、その明示を要しないとされています（**Q3-10**参照）。「正当な理由がある場合」とはどのような場合かについては、ガイドラインでは、業務委託の性質上、業務委託をした時点で当該事項の内容について決定することができないと客観的に認められる理由がある場合とされています。その場合であっても、フリーランスに発注する際に、求める給付の内容が定められない理由とその内容が定められる予定の期日を明示することが必要です。

　そして発注当初にフリーランスに求める給付の内容を明確にすることができない場合は、作業の進捗に応じて発注者が具体的かつ明確に示す必要があります。

　これらの点を発注者が怠っていた場合、フリーランスから委託した成果物の納品を受けた際に、求めていたものと違ったという理由で発注者はその成果物の受け取りの拒否をすることはできませんので十分注意してください。

【 ✨ ポイント解説】

・発注者が、フリーランスが納品した成果物の受け取りを拒否できるのは、フリーランスに責任がある場合に限られます。

・フリーランスに責任がある場合とは、①フリーランスの給付の内容が委託した内容と適合しない場合、②発注時に発注者が通知した納期に遅れたため成果物が不要になった場合に限られます。

第4章　ケーススタディで見るフリーランス法

・発注時に、発注者がフリーランスに対し、フリーランスの給付の内容や納期を明確に通知することが重要ですが、発注時に明確に通知できない場合は、その理由とその内容が定められる予定の期日を明示することが必要です。

第4章　ケーススタディで見るフリーランス法

CASE 6	報酬の天引き
	運送関係　　美容関係　　講師　　スポーツ指導

事 例

　運送会社を経営しており、フリーランスに配送業務を委託しています。フリーランスの報酬から、ガソリン代、車のリース代の他、誤配遅配があった場合には罰金が生じますので、そういった様々な費用等を天引きしているのですが、これは問題ないでしょうか。報酬から天引きすると、具体的にどのような法的リスクやトラブルが生じるのでしょうか。フリーランス法に違反しないために、どのように対応することになるのでしょうか。

解 説

　報酬から費用等を発注者が一方的に天引きすると、フリーランス法に違反し、行政上の措置を受けることがあります。また、これまでに天引きしていた費用をフリーランスに支払わなければならない可能性があります。

1　費用等の天引きが起こりやすい業種

　天引きが生じやすい業種としては、配送業が挙げられます。例えば、遅配や誤配の際に違約金や損害補塡という名目で天引きされたり、燃料費やレンタル機材の費用という名目で天引きされたりする事例が比較的多く見受けられます。

　また、教育・フィットネス業界でも、フリーランスの指導者が受講生から受けた評価に応じてペナルティが天引きされたり、施設使用料

203

第4章　ケーススタディで見るフリーランス法

や教材費という名目で天引きされたりすることが見受けられます。

2　報酬から費用等を一方的に天引きした場合に発生する法的リスク

　フリーランスと合意することなく、発注者が一方的に報酬から費用等を天引きすると、フリーランスの「責めに帰すべき事由がないのに、報酬の額を減ずること」に該当し、違法とされる可能性があります（法5条1項2号）。

　そして、フリーランスは公正取引委員会等に対し違反行為を申出することができ、公正取引委員会から調査を受け、調査の結果次第では、是正する勧告を受ける等の処分の対象となる可能性があります（法8条4項、9条。 Q3-28 参照）。

3　法的リスクやトラブルを回避するために事前に対応すべきこと

　フリーランス法3条で、発注者はフリーランスに発注する際に、報酬の額を通知することになっています（3条通知という。 Q3-8 参照）。解釈ガイドラインでは、発注者は、フリーランスが業務委託の業務遂行の際に要する費用等を発注者が負担する際には、費用等の金額を含めた総額を把握できるように報酬の額を明示することを求めています。そして、解釈ガイドラインでは、発注者とフリーランスは、業務委託に先立ち、費用等の精算の有無や範囲等について十分に協議し決定することが望ましいとされていますので注意してください（解釈ガイドライン第2部第1章（ウ））。

　そのほか、損害補填という名目で天引きするような場合も考えられますが、フリーランスが損害賠償責任を負うのは、フリーランスが故意または通常要求される程度の注意義務を払わなかったことによって発注者に損害が発生したことを、発注者側で明らかにした場合に限ります。したがって、発注者側で一方的に損害金額を決めて天引きする

204

第4章　ケーススタディで見るフリーランス法

のではなく、フリーランスとの間で、損害賠償責任の有無および損害金額について十分に協議することが必要です。

　なお、損害補塡の予定としてあらかじめ契約書で定めた違約金を天引きする例も見受けられます。しかし、フリーランスが業務の過程で発生したミスの程度に比べて、著しく高額な違約金を天引きするような条項を定めた場合は、公序良俗に反して当該条項が無効となり、結局報酬全額を支払わなければならない場合があります。したがって、天引きされうる費用や違約金を契約書にあらかじめ定めるとしても、その内容は合理的なものとする必要がある点には注意してください。

【🐦ポイント解説】
・フリーランスと合意することなく、発注者が一方的に報酬から費用等を天引きすることは、禁止される可能性があります。
・フリーランスに費用等を負担してもらう場合は、事前にフリーランスと十分に協議しておくことが大切です。

205

第4章　ケーススタディで見るフリーランス法

CASE 7

発注者の損害賠償・違約金の請求

運送関係　　美容関係　　講師

事例

当社は、配送業を営んでおり、１年以上前から、フリーランスの方との間で業務委託契約を締結し、配送を依頼しています。ところが、先日、フリーランスが、配送先を間違えるという、いわゆる誤配を３件起こしてしまいました。当社としては、配送依頼主や受取人の方への謝罪の対応に追われ、本来配達できるはずだった荷物が配達できなかったため、損害を被りました。なお、契約には、「１回目の誤配：報酬月額の30％、２回目の誤配：報酬月額の50％、３回目の誤配：報酬月額の70％を違約金として支払う。」という記載があります。そこで、当社が違約金の金額相当分を報酬から差し引いて支払ったところ、フリーランスから、「そのような違約金条項があることについて、契約のときに何も聞いていない。しかも、違約金の金額が高すぎるため、そのような違約金条項は、法的に認められないはずだ。それに、契約時に何も説明を受けていない。したがって、報酬全額を支払ってほしい。」と言われています。

当社は実際に損害を被っており、しかも違約金については契約に記載があるのに、当社は違約金を支払ってもらうことはできないのでしょうか。

解説

1　損害賠償責任が発生する場合

発注者がフリーランスに対し業務委託した場合、業務委託の業務を

206

行う際に、フリーランスの故意または過失による行為によって、発注者に損害が発生した場合、発注者はフリーランスに対して損害賠償を請求することができます（民法415条）。

本件では、フリーランスが配達先を間違えてしまったという過失により、発注者に損害が発生していますから、損害賠償責任が発生することになりそうです。

2 違約金条項の有効性

発注者がフリーランスに損害賠償請求をすることができるとしても、具体的にいくらの損害賠償請求ができるかが問題になります（損害額）。損害額を立証する責任は、発注者が負います。

そこで、発注者としては、毎回、損害額を立証する負担を回避するために、契約においてあらかじめ違約金条項を記載しておくことがあります。このような違約金条項も法的には原則として有効ですが、違約金の金額に通常発生すると考えられる損害額と比較して著しく高い等、合理性が認められない場合、当該違約金条項が民法上の公序良俗（民法90条）違反として無効と判断される可能性があります。また、フリーランス側が契約書をよく読まないで契約している場合、後にトラブルに発展することがよくあります。

上記の事例では、違約金の金額が「１回目の誤配：報酬月額の30％、２回目の誤配：報酬月額の50％、３回目の誤配：報酬月額の70％」とされています。誤配１件により通常発生すると考えられる金額は、荷物の配達単価が数百円から数千円であると考えられますが、仮に報酬月額が20万円とした場合、この違約金条項によれば、１回あたりの違約金の金額が少なくとも５万円を超えることになり、誤配により通常発生すると考えられる金額と比較して著しく高い金額であるということになりそうです。したがって、この違約金条項は無効であ

ると判断される可能性があると考えられます。

　また、違約金条項が無効であるにもかかわらず、委託者が違約金の金額相当分を報酬から差し引いて支払った場合、報酬の一方的減額に該当する可能性があります（法5条1項2号）。

3　本事例の解決

　本事例の場合、違約金条項が無効と判断される可能性があることからすると、委託者は、支払いを留保した違約金相当分の金額をフリーランスに対して払い戻した上で、実際に発生した損害賠償額を算定し、これをあらためてフリーランスに請求し、協議を進めるのが適切であると考えられます。実務的には、違約金相当分の金額のうち算定した損害賠償額分を超える金額のみ払い戻した上で、協議を進める方法もありえます。

4　フリーランスが「違約金を支払う」といった場合でも…

　仮に上記の事例で、フリーランスが「違約金全額を支払う」と言った場合は、問題ないでしょうか。

　違約金条項が公序良俗違反により無効と判断される可能性が高い場合、フリーランスは、違約金条項の法的有効性を正しく認識していないと思われますので、違約金を支払うことに関する同意は、いわゆる錯誤に基づくもので、取り消される可能性があります（民法95条）。

　そうすると、もしフリーランスが違約金を支払った後になって支払った違約金全額の返金を遅延損害金とともに請求される可能性があります。

　そのため、上記の事例で、フリーランスが支払うという合意をする場合にはその合意がフリーランスの自由な意志によるものかが慎重に問われることになります。

第4章　ケーススタディで見るフリーランス法

【 ポイント解説】

・違約金条項が無効と判断されないために、違約金の金額は合理性が認められる水準としておきましょう。

・違約金条項を定める場合は、契約前にその内容をフリーランスに説明し、理解してもらい、できればメールやチャットなどで説明した証跡を残しておきましょう。

・フリーランスが「違約金を支払う」と言っていても、それがフリーランスの自由な意志によるものなのかが慎重に問われることになります。

209

第4章　ケーススタディで見るフリーランス法

	発注者の契約解消		
CASE **8**	運送関係　　システム開発、ウェブ作成関係　　建設関係		
	舞台・演劇関係　コンサルタント　　事務　　スポーツ指導		

事 例

　当社は、スポーツジムを経営しており、フリーランスの方との間で、業務委託契約を締結してスタジオで実施するプログラムのインストラクター業務について委託をしています。契約期間は、１年間としていましたが、スタジオプログラムの利用者が想定より少ないため、プログラムの数を縮小することになりました。そのため、当社は、契約締結日から半年が経過した頃に、フリーランスに対して事情を説明した上で、「月末をもって契約を解消したい。」と伝えました。すると、フリーランスからは、「私はこの仕事で生計を立てているし、すでに３か月先までシフトが決まっているので、突然解除されるのは困る。別のプログラムがあるのだから、そちらの担当に変更することで契約を継続してほしい。そもそも契約上は、中途解除についての記載がないし、私に契約違反などがない以上、契約期間が満了するまで解除はできないはずだ」と言われています。当社は、契約期間満了まで契約を解消できないのでしょうか。

解 説

1　契約書に中途解除に関する条項がある場合

　業務委託契約を中途解除しようとする場合、まず契約書に中途解除に関する条項があるか、ある場合には、その内容を確認する必要があります。

契約書に中途解除に関する条項がある場合（例えば、「当事者は、相手方に対して、契約期間中であっても、1か月前までに事前の書面による通知することによって、本契約を解除することができる。」など）、その条項に従って、中途解除をすることになります。

2　契約書に中途解除に関する条項がない場合

　これに対して、本事例のように、契約書に中途解除に関する条項がない場合は、民法上の原則に従うことになります。

　民法上、業務委託契約は、いつでも自由にできることが原則です。もっとも、「やむを得ない事由」がある場合を除き、相手方の不利な時期に契約解除をすると、相手方の損害を賠償しないといけません（民法651条）。

　本事例の場合、「スタジオプログラムの利用者が想定より少ないため、プログラムの数を縮小することになった」ことなどにより発注者側に「やむを得ない事由」があるといえるかが問題になります。仮に、発注者側において、別のプログラムがあり、フリーランスをそちらの担当に変更することができるという事情がある場合、「やむを得ない事情」があるとはいえないと評価される可能性が高くなります。

　次に、契約期間の途中で契約を解消することがフリーランス側にとって「不利な時期」であるといえるかが問題となります。ここでは、3か月先までシフトが決まっている場合、フリーランスとしてはその期間は他の仕事を入れられない状況になりますから、本件の解除はフリーランスにとって「不利な時期」であるとして、未消化のシフト分に関して、発注者は損害賠償を支払わなければならなくなる可能性があります。

第4章　ケーススタディで見るフリーランス法

3　フリーランス法上の30日前予告義務も果たす必要あり

　上記1、上記2のいずれの場合であっても、これらとは別に、フリーランス法も遵守しなければなりません。フリーランス法は、継続的業務委託に関する契約の中途解除または不更新のためには、少なくとも解除30日前までに事前予告する義務がありますし、理由の開示を求められれば、中途解除の理由を説明する必要があります（法16条、**Q3-39**〜**Q3-45**参照）。

　本事例の契約も契約期間が1年間となっていますから、継続的業務委託に当たります。フリーランス法を遵守するため、少なくとも30日前に契約を解除することを予告することが必要です。この他フリーランスに責任がないのに期間中に契約を解除することになりますから、不当な給付内容の変更に当たると判断される可能性もあります（法5条2項2号）。そのため、契約途中の契約を解除することに伴い、フリーランスに解除に伴う補償をするかどうかなど十分に協議することが必要でしょう。

【 ✍ ポイント解説】

・業務委託契約の中途解除については、まず契約書に中途解除条項があるかどうかをチェックしましょう。あればその定めに従い、なければ民法に基づき、中途解除することになります。

・ただし、フリーランス法における30日前予告義務が課される場合には、それも遵守しましょう。フリーランスに責任がないのに契約期間途中で契約を解除するとフリーランス法の禁止事項である不当な給付内容の変更に当たる可能性があります。

第4章　ケーススタディで見るフリーランス法

> 【✔ コラム】　中途解除時の支払義務
>
> 　仮に上記の事例が、システム開発の業務委託契約に関するものであり、中途解除時までにフリーランスがシステム開発の仕事を進めていた場合、委託者（発注者）は、中途解除に関する損賠賠償とは別に、仕事の完成部分による利益の割合に応じた報酬を支払う必要があります（民法634条２号、民法648条の２第２項）。

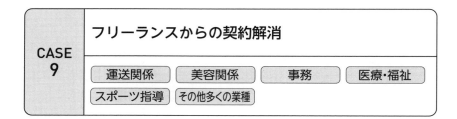

事例

フリーランスに仕事を委託していますが、人手不足で、募集するのも大変です。苦労して仕事を委託しても、フリーランスから「すぐに辞めたい」と言われることがあります。このような申出を認めなければならないのでしょうか。なにかよい解決方法はないでしょうか。フリーランス法を前提とすると、どのように解決することになるのでしょうか。

解説

1 業務委託契約は、いつでも解消できるのが原則

フリーランスが仕事を辞めるということは、法的には、発注者とフリーランスとの間の契約が解除されるということを意味します。

契約の解除について、発注者とフリーランスとの間の契約で何も取り決めていない場合、法律上、フリーランスはいつでも契約を解除することができます（民法651条1項）。したがって、フリーランスが仕事を辞めたいと言い出した場合、発注者が契約の解除を認めるかどうかにかかわらず、フリーランスは仕事を辞めることができます。仮に発注者がいくら「契約の解除を認めない！」といったところで、フリーランスから解除されてしまえば意味がありません。

2 突然辞められることへの対処法

　上記のとおり、フリーランスは原則としていつでも契約を解除することができます。もっとも、フリーランスは、「相手方に不利な時期」に契約を解除した場合には、相手方（つまり、発注者）に生じた損害を賠償する必要があります（民法651条2項柱書、同1号）。そのため、例えば、フリーランスがあまりに急に仕事を辞めたせいで、そのフリーランスに頼んでいた仕事を他のフリーランスに任せることもできず、その結果発注者に実際に損害が発生したような場合には、発注者は、仕事を辞めたフリーランスに対して賠償を求めることは考えられます。

　ただし、フリーランスに対して損害賠償請求をしようにも、フリーランスが賠償金を素直に支払ってくれるかはわかりませんし、支払ってくれない場合にフリーランスから賠償金を回収するためには時間と費用が掛かります。フリーランスに十分なお金がない場合、賠償金を回収できず、費用倒れに終わってしまうおそれもあります。そこで、フリーランスに対しては、今辞められると発注者に損害が生じるおそれがあるということを説明し、せめてこの期間までやってほしいと説得することも考えられます。

　なお、フリーランスに対して未払の報酬がある場合には、その報酬からフリーランスに対して請求できる損害賠償額を差し引いた上で、残りの報酬を支払うことも考えられます（法的には、報酬と損害賠償請求権を「相殺」していることになります。民法505条1項）。もっとも、十分な根拠もなく報酬の支払いを行わないことは、フリーランス法で禁止されている報酬の減額等に当たる可能性もあります（法5条1項2号）。特に、①「相手方に不利な時期」に契約を解除されたとして損害賠償請求を行うことが本当にできるのか、②（できるとしても）損害賠償額は適切であるのかという2点については、慎重に検討

第4章　ケーススタディで見るフリーランス法

してください。

3　契約により解除を制限する場合の注意点

　実際のところ、以下のような中途解除制限条項や違約金条項を定めることで、突然の契約解除が起こりにくいようにしているケースも見受けられます。

> ➤フリーランスが契約を解除する場合には、○か月前に通知する必要がある。
> ➤フリーランスがこの契約に違反して契約を解除した場合、違約金として○万円を支払う。

　フリーランスがこのような契約上の取り決めに違反して突然仕事を辞めようとした場合、発注者としては、フリーランスに契約内容を説明するとともに、フリーランスによる契約解除が契約違反になることを指摘して、フリーランスに仕事を続けてもらうことが考えられます。

　もっとも、いかにフリーランスの契約解除を制限する条項や違約金条項があったとしても、結局のところ、フリーランスを無理やり働かせることは困難です。そうすると、フリーランスが説得に応じず、仕事を続けてくれない場合、最終的には、フリーランスが契約に違反して突然仕事を辞めたということを理由に損害賠償請求を行うかどうか検討するという流れになります。

　なお、実務上、フリーランスが仕事を辞めにくいようにするために、フリーランスからの解除を長期間制限する条項を設けるケースや、高額の違約金を設定しているケースが見受けられます。しかし、契約解除を制限する期間があまりに長くなるような場合には、フリーランスの契約解除を制限する条項の効力自体が無効になる可能性がありま

す。また、高額の違約金を設定している場合についても、事例にもよりますが、少なくとも発注者に生じる損害を大幅に上回るような違約金を定めることは無効とされる可能性がありますし、高額の違約金をフリーランスから回収することも現実的には難しいと考えられます。

　したがって、仮に契約解除を制限する条項や違約金の定めを置くとしても、フリーランスにとって不必要に不利な内容にならないように、節度をもった設定にしておくべきです。

4　そもそも契約のミスマッチが生じないようにすることが重要

　以上を踏まえると、そもそも、フリーランスが突然仕事を辞めるという状況そのものを起こさないようにすることが望ましいと考えられます。

　フリーランスの立場からみると、契約を解除するに至った理由は、募集情報や提示された契約条件と、実際の業務や報酬の内容等が違っていたということが多いです。そうすると、トラブル回避のためには、できるだけ正確な契約条件を明示したり、事前に十分な説明をするなど、フリーランスとの間にミスマッチが生じないようにすることが必要です。

　フリーランス法では、発注者が広告等でフリーランスの募集情報を提供するときは的確表示義務がありますし（法12条。 **Q3-1** ～ **Q3-5** 参照）、フリーランスに業務委託をした場合には契約条件を明示する義務があります（法3条）。発注者としては、フリーランス法に基づくこれらの的確表示義務、契約条件明示義務を尽くし、ミスマッチが生じないようにすることが、トラブル回避に当たり重要といえるでしょう。

第4章　ケーススタディで見るフリーランス法

> 【 ポイント解説】
>
> ・業務委託契約は、いつでも契約解除できるのが原則です。
>
> ・しかし、契約で契約解除を制限する場合、フリーランスに対する過大な制限にならないよう注意が必要です。
>
> ・フリーランスへの募集広告を的確に行ったり、契約時に十分条件を説明するなどして、そもそも契約のミスマッチをなくすことが重要です。

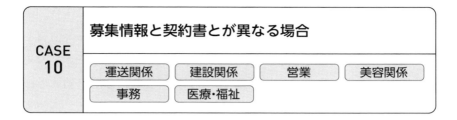

事例

人手が集まらないので、求人広告ではなるべくよいことを書いておき、契約書では当社が必要な条項を入れておきたいです。募集情報と契約書の記載内容が異なっていると、具体的にどのようなトラブルにつながるのでしょうか。フリーランス法を前提とすると、どのように解決することになるのでしょうか。

解説

1　募集情報と契約書の記載内容が異なることによるトラブル

　求人で実際の契約内容よりも発注者に有利なことを書いておくと、確かに多くの応募を集められるかもしれません。しかし、フリーランスは希望に沿った別の業務を受注する機会を失ってしまうことになり得ますし、仮に契約書には発注者の希望するとおりの契約条件を記載し、フリーランスも契約書に署名や記名押印していたとしても、求人に応募したフリーランスからすれば、募集情報に記載された契約条件が当然に契約書にも定められているものと思い込んでしまい、契約書の内容をよく読んでいなかったということもあり得ます。そして、実際にフリーランスが仕事を始めてから、募集条件と実際の条件が異なっていたことに気がつき、この条件なら、この仕事を続けることができないと考えて受託した仕事を辞めてしまうことにもなってしまいます。

第4章　ケーススタディで見るフリーランス法

　それだけでなく、募集情報と異なる契約書の内容になっていても、そのことについて発注者から十分な説明がなかったため、募集情報どおりの内容になっているものと誤って信じてしまったとして、その契約の締結の意思表示には錯誤があったとして、契約自体が無効とされてしまう可能性もあります。このようなトラブルが生じると、再び募集広告をしなければならなくなったり、トラブル解決のための時間的、経済的な負担が発生したりするだけでなく発注者のレピュテーションの低下を招き、その結果、将来の求人に悪影響を及ぼし得るものですので、契約条件を偽ることは避けるべきです。

2　フリーランス法との関係

　フリーランス法は、広告等により募集情報を提供する場合、発注者には募集情報を的確に表示する義務が定められています（法12条。**Q3-1**〜**Q3-5**参照）。そして、募集情報を的確に表示する義務に違反した場合には、フリーランスは、都道府県労働局に申出し、発注者に調査し、是正するよう求めることができることになっています（法17条。**Q3-7**参照）。

　例えば、発注者が意図的に実際の報酬額よりも高い額を表示した場合（虚偽表示）には、フリーランス法に違反する行為として、行政からの調査を受け、その調査の結果、違反行為があったと認められた場合には、その違反を是正するよう勧告を受けてしまう可能性もあるので（法18条。**Q3-28**参照）、注意が必要です。

3　募集情報と実際の契約が異なる場合の対応

　以上のとおり、実際との契約内容と異なった募集広告は出さないようにしなければいけませんが、募集広告を出した後、実際に応募を受けた時点で、フリーランスに仕事を発注する条件が変更にならざるを

220

得なくなる場合もあるかもしれません。その場合は、発注者が、フリーランスに対して、募集広告とは異なっている条件を十分説明し、フリーランスに理解してもらった上で、契約することが必要になります。その場合は的確表示義務違反にはなりません。

【 ポイント解説】

・意図的に実際の契約内容より高い条件を表示する募集広告を出すと、フリーランス法の違反行為として、申出、是正勧告等の対象となるので注意しましょう。

・募集広告の内容と異なった条件であることにフリーランスが気づかずに仕事を始めると、契約が無効と主張されたり、フリーランスが仕事を辞めてしまったりするリスクがあります。

・募集広告から条件を変更して発注する場合には、十分説明することが必要です。

221

第4章　ケーススタディで見るフリーランス法

<table>
<tr><td rowspan="2">CASE
11</td><td colspan="2">契約書等を作成しない場合</td></tr>
<tr><td colspan="2">ウェブ作成関係　建設関係　デザイン関係　舞台・演劇関係
映像・カメラマン　ライター</td></tr>
</table>

事例

　フリーランスに仕事を委託しています。これまで、口頭や、SNSで連絡をとって発注条件を決め、契約書などの書面を作っていなかったのですが、何か問題はありますでしょうか。書面がないと、具体的にどのようなトラブルにつながるのでしょうか。フリーランス法を前提とすると、どのように解決することになるのでしょうか。

解説

1　契約書等を作成しないことによるトラブル

　多忙な中での作業が面倒であることを理由に、契約書等の書面を作成しないことがあるかもしれません。また、取引相手は信頼できるので、契約書等を作成しなくても問題はないと思うこともあるかもしれません。しかし、トラブルが発生する際には得てしてそれまであった信頼関係が損なわれていますし、契約書等を作成しないまま業務を行うことは、トラブル発生のリスクを劇的に高めてしまいます。

　一方、フリーランスとの取引は多種・多様です。取引金額が多額なものや、作業にかかる時間が長期間にわたるものもあれば、取引金額は数千円であったり、作業にかかる時間も短時間で済んだりするものもあります。これらの条件によっては、契約書を作成しなくてもいいのではないかと思う場面もあると思います。

　一般論として、契約書や発注書の書面を作成しなくても、口頭でも

222

双方の合意があれば契約は成立します。しかし、後から合意の内容を立証するのは容易ではなく、メールやSNSでのやり取り等を可能な限り収集しても、合意の存在・内容を裏付けるものとまで評価されることには大きなハードルがあります。

　そのため、契約書や発注書は作った方がよいですが、先に述べたとおり、フリーランスとの取引は多種多様ですので、取引によっては、簡潔な内容を定めれば十分なものもあります。契約書の作り方がわからないからといって、インターネットで契約書のサンプルをそのまま使ったものの、実際の取引とは全く整合しないような契約書など作っても意味がありません。フリーランスとの取引を行う上で、最低限必要な条件は、書面などにより合意しておくという姿勢が必要となるでしょう。

2　少なくとも契約で定めないといけない条件

　では、どのような条件を必要最低限、契約で定めておく必要があるでしょうか。

　フリーランス法は、発注者がフリーランスに業務委託による発注をした場合には、直ちに、発注した内容を書面や電磁的方法で明示することを義務付けています（法3条、公取委規則1条。Q3-8、Q3-9参照）。明示すべき主な内容は以下のとおりとなっています。

・発注者の商号や氏名

・業務委託をした日

・フリーランスが提供すべき成果物・役務の内容

・成果物の納期や役務提供の場所

・報酬の額

・報酬の支払期日

第4章　ケーススタディで見るフリーランス法

　上記の内容を、発注者は、フリーランスに業務委託する際に、書面等により明示しなければならないわけですから、フリーランスとの間で契約する段階でも、これらの点をフリーランスと合意し、その合意内容を契約書や発注書などとして残しておく必要があるでしょう。

　発注者にとって重要なのは、「フリーランスが提供すべき成果物・役務の内容」や「納期」です。発注者が、フリーランスに対して、業務委託をして求める給付の内容や納期を明確にしておかないと、本来求めていた成果物や役務が提供されなかったり、あるいは、求めていた時期に納品されなかったり、求めていた役務が提供されなかったりする可能性があります。

　報酬額を明確にしておくことは、フリーランスにとっては特に重要な内容ですが、発注者にとっても、この点を明確にしておかないと、あとで、フリーランスから言い値で報酬を請求されるというリスクもあります。

3　契約書を締結しなかったことにより発生する発注者のリスク

　クリエイター業務の提供を内容とする契約が締結される場合など、発注時には成果物の確定的なイメージがないケースもあるかもしれません。しかし、3条通知（**Q3-8**参照）で明確にせず、その後フリーランスが作業をする段階でも具体的仕様を固めなかったような場合には、後に、求めた内容と異なるものが納品されたといって受領拒絶・減額等をすることは禁止されます（法5条1項1号、2号。**Q3-10**、**Q3-21**、**Q3-22**参照）。

　このように、業務の性質も言い訳とはできず、契約内容を客観的な形で明示することが一層強く求められることになります。トラブルを回避するためにも、あらかじめ委託業務を綿密に検討し、発注の当初に明確に示すことができない場合でも作業の進捗に応じて速やかに明

224

確に示すなど、発注者・フリーランスの双方にとって明瞭な取引を心掛けるようにしましょう。

> **【 ポイント解説】**
> ・最低限、法３条でフリーランスへの通知が求められる内容を定めた契約書や発注書を作成しましょう。
> ・フリーランスが提供すべき成果物・役務の内容や、納期について法３条による通知をしておかない場合、フリーランスが求めていた成果物を納品しなかったり、役務を提供しなかった場合に、フリーランスの責任を問えなくなる場合があることに注意が必要です。

第4章　ケーススタディで見るフリーランス法

CASE 12	フリーランスの労働者性
	運送関係　　営業　　美容関係　　コンサルタント
	事務　　講師　　スポーツ指導　　その他多くの業種

事 例

　私は美容室を経営しています。美容師とは業務委託契約を締結しており、店舗の開店時間との関係上、毎日、出社時間は９時、退社時間は19時と決めて働いてもらっています。また、報酬についてはお客様からの売上げに応じた出来高払いにしており、休日に出勤した場合には、休日手当を支給しています。人手不足であり、美容師以外にスタッフがいないため、私の指示で、会計や店舗の掃除も美容師に対応してもらっています。そのうちの美容師の１人が、突然店舗を辞めると言い出しました。

　契約上は、店舗を辞める場合は、２か月前に店舗に通知する必要があることのほか、仮に２か月前に通知せずに辞めた場合には、違約金30万円を支払う必要があることを規定しているため、美容師に対してはすぐに辞めるのであれば、契約書に定めた違約金30万円を支払う必要があることを告げました。ところが、美容師は、労働者のような扱いを受けていたのだから、違約金は支払わないと主張しています。美容師の働き方が「労働者」と認められれば、違約金は支払ってもらえないのでしょうか。

解 説

1　労働者性の判断基準

　配達員、美容師やエステティシャン、スポーツクラブのインストラ

226

クター等は、業務委託契約を締結し働いている場合も多いと思われます。

しかし、契約書に「業務委託契約書」などと記載されていても、契約の内容、労務提供の形態、報酬その他の要素から総合的に判断して、実態が「労働者」であれば、フリーランスは「労働者」として取り扱われ、労基法が適用されてしまいます。例えば、以下のような項目がその判断要素となります。各要素がある場合、労働者と判断される方向に働きます。

・仕事の依頼や、業務の指示があった際に、受けるかどうかを自分で決められない（拒否できない）か
・業務の内容や遂行方法について、発注者等から具体的な指揮命令を受けているか
・勤務場所と勤務時間が指定され、管理されているか
・報酬が、「指揮監督下における労働」の対価として支払われているか(例:時間外/休日手当に相当するものがあるか、一定額の報酬の支払いが保証されているか)

---

2 「労働者」には違約金を定めることはできません

フリーランスの働き方の実態が「労働者」である場合、労基法等のルールが適用されることになりますが、労基法上、違約金を定める契約をしてはならないとされています（労基法16条）。したがって、中途解除を行う場合には違約金を支払う必要があるとの条項が契約書に記載されている場合でも、この条項は無効となり、違約金の支払を求めることはできません。

第4章　ケーススタディで見るフリーランス法

3　発注者が注意しなければならないこと

　フリーランスに対し業務を委託する場合、委託内容を超えた業務を依頼することはできませんし、委託内容に含まれているか否かにかかわらず、指揮命令することはできません。設例の事例では、美容師に対しては出来高払いの方法で報酬を支払っているにもかかわらず、開店時間から閉店時間を勤務時間とした上で、会計や掃除などの委託業務以外の業務を命じていることからすると、美容師は、店舗（発注者）からの業務指示を拒否できず、業務内容や遂行方法について具体的指揮命令を受け、勤務場所と時間が指定されているとみなされ、「労働者」に当たると判断される可能性があります。

　また、労基法の「労働者」に当たるとまではいえない場合であっても、委託内容に入っていない役務の提供を求め、その提供がないと報酬を支払わないなどとして求める場合には、フリーランス法上の不当な経済上の利益の提供要請の禁止に該当すると判断されるおそれもあります（法5条2項1号、 Q3-26 参照）。

　会計や清掃等、委託業務以外の業務もやむなく行ってもらうのであれば、フリーランスに了解を取り、その業務に対する手当を別途支払ったりすることや、お客様の予約が入っていない時間は、店舗に常駐しなくてもよいというルールにするなど、フリーランスの働き方に裁量を持たせる措置を講じる必要があるでしょう。

【 ポイント解説】

・労働者であるかの判断は、形式的な契約の名称で判断されるのではなく、働き方の実態で判断されます。

・仮に「労働者」に該当すると判断された場合は、労基法等のルールが適用されることになります。例えば、違約金を定めても無効であ

第4章　ケーススタディで見るフリーランス法

り（労基法16条）、退職に当たってフリーランスに違約金の支払
を求めることはできません。

CASE 13

フリーランスに対する競業避止義務の設定

運送関係　IT・システムエンジニア関係　美容関係　コンサルタント　芸能関係　専門誌ライター　広告・マーケティング　スポーツ指導　士業

事例

当社は、新しいシステム開発を行うためのプロジェクトチームを組成し、フリーランスのエンジニアにシステム開発の一部を委託することを考えています。フリーランスのエンジニアには、システム開発の過程で、当社のノウハウや技術情報等の機密情報を開示する予定です。そのため、プロジェクト終了後に競業他社で同種のシステム開発のプロジェクトに参加されると、当社の機密情報が流出する可能性があることを懸念しています。フリーランスのエンジニアには、契約終了後数年間は同様のシステム開発業務を受託してはならないという競業避止義務を負ってもらいたいと思っていますが、何か問題があるでしょうか。

解説

1　競業避止義務を定める意味

競業避止義務を定めることによって、発注者は安心してフリーランスに対して自社のノウハウや技術情報等の機密情報を開示した上で業務を依頼することができます。また、フリーランスも多種・多様で、業種によっては未経験者のフリーランスに積極的にノウハウを提供して育成をする場合もありますが、ノウハウだけを得てすぐに別のところで働かれたりすることは防ぎたいというニーズもあります。

第4章　ケーススタディで見るフリーランス法

一方で、競業避止義務は、フリーランスは他の発注者からの受注を一部制限するものであり、職業選択の自由（憲法22条１項）を制約するものです。競業避止義務の内容によっては、一定期間業務が提供できず、収入を得ること自体が困難になってしまうことがあります。

そのため、競業避止義務は、発注者の機密情報の漏えい防止、育成投資に要した費用の回収等の正当な目的のために、合理的に必要な範囲に限り有効になると考えられています。

2　競業避止義務が問題となるケース

発注者との契約終了後、期間の定めなく競合他社への業務提供を禁止する旨の競業避止義務が定められることがあります。例えば、フリーランスになる前に医療業界で働いていた経験をいかして、医療領域に関するウェブライティング業務を提供しているフリーランスがいるとします。そのフリーランスが、医療系の会社からウェブライティング業務の発注を受けた場合に、業務提供完了後に同業他社へのウェブライティング業務を禁止する競業避止義務を定められてしまうと、その発注が終了した後に、自身の強みをいかしたウェブライティング業務の提供が実質的にできなくなり、フリーランスとして収入を得る道が閉ざされてしまう可能性があります。そのため、このような競業避止義務は無効となるものと考えられます。

また、期間の定めはなされていても、地理的な制約範囲が広範に及ぶ内容の競業避止義務が定められることもあります。例えば、美容師が、特定の美容室との契約終了後に、その美容室の周囲○km以内の美容室との契約を禁止する旨が定められることがあります。美容室としても、近距離の美容室と契約されることで自社の顧客を引き抜かれてしまう可能性があるため、一定の地理的範囲の制約を課すこと自体に合理性は認められます。一方で、顧客が通うことがおよそ想定され

231

第4章　ケーススタディで見るフリーランス法

ない遠隔地の美容室との契約も制限する場合には、美容師が通勤に過度の負担が生じる美容室との契約を実質的に強制することになる上、顧客の引き抜き防止の観点からも過剰な制限であるため、その合理性は認められにくいものといえます。

3　対応策

　競業避止義務は、その目的が正当なものでなければなりません。また、競業避止の期間、範囲等が不明確な競業避止義務は、無効となるリスクがありますし、フリーランスに対して他の発注者との取引を萎縮させる点でも望ましくありません。

　したがって、競業避止義務を設定する場合には、フリーランスへの発注内容、発注期間、発注金額、開示した情報の内容等を考慮した上で、正当な目的があると説明できるのか慎重に検討するとともに、説明できるとしても、競業避止義務の期間や範囲等を合理的な範囲に限定する、取引を制限する競合他社を限定列挙するなどして適切な内容にすることが必要です。

　この事例では、フリーランスが、発注者のノウハウや技術情報等の機密情報に触れる機会があることから競業避止義務を課す必要性があるといえますが、制限する範囲としては、同種のシステム開発を行う競合他社との取引に限る必要があるでしょう。

【 ポイント解説】

・競業避止義務を課す場合には、正当な目的があり、そのための手段としても相当な範囲で設定することが必要です。
・競業避止義務を課す対象範囲が不明確な場合は、そのような制限は無効と判断される可能性があります。

第4章　ケーススタディで見るフリーランス法

| CASE 14 | 知的財産権の取扱いの注意点 |
| | システム開発・ウェブ作成関係　デザイン関係　映像カメラマン　ライター |

事例

　当社の商品の宣伝のためにキャラクターのイラストをフリーランスのイラストレーターさんに描いてもらいました。キャラクターの制作のための業務委託料を支払っているのですが、委託したイラストレーターさんから、著作権は私にありますと言われました。当社としては、業務委託料を支払っているので、当然、イラストの権利は当社にあると思っているのですが、間違っているのでしょうか。

解説

1　著作権の譲渡・利用許諾、著作者人格権の不行使

　イラスト、写真、動画、文章、プログラムなど、創作的な表現を「著作物」といい（著作権法2条1項、10条）、著作物には、著作権と著作者人格権という権利が発生します。

　著作権と著作者人格権は、著作物を創作した者に帰属します。そのため、フリーランスに制作物の発注を依頼した場合には、制作物を制作したフリーランスに著作権が帰属します。発注者としては、著作権を保有したい場合には、フリーランスから制作物の著作権の譲渡を受ける必要があります。

　著作権の譲渡を受けない場合であっても、発注者が制作物の利用する際に支障が生じないように、フリーランスから必要な範囲で利用許諾を受ける選択肢もあります。

233

第4章　ケーススタディで見るフリーランス法

　著作者人格権は、フリーランスの人格に由来するものであるため、譲渡することはできません。そのためフリーランスが著作者人格権を行使しない旨の条項を契約書におくことも考えられますが、その場合はフリーランスと十分な協議をして決めてください。

2　知的財産権の帰属に関する一方的な内容の設定

　発注者は、制作物の著作権の譲渡・利用許諾を受けたり、著作者人格権の不行使の制約を課す場合には、それらの対価を報酬に含むか、別途対価を支払うことが必要になります。対価の設定に当たり、フリーランスと協議することなく、一方的に通常支払われる対価と比較して著しく低い金額とした場合には、買いたたきとして違法になる可能性があります（法5条1項4号、Q3-24 参照）。

　また、発注者が、制作物の利用に必要な範囲を超えて著作権を自社に無償で譲渡または利用許諾させることを一方的に求めた場合、フリーランスが発注者に給付すべき内容に含まれない著作権の無償提供を求めた場合、著作権に関連する収益を適切に配分しないような場合には、不当な経済上の利益の提供要請として違法になる可能性もあります（法5条2項1号、Q3-26 参照）。

3　適切な著作権の取扱い

　このようなケースでは、発注者としてキャラクター制作にイラストは必須であり、キャラクターの表情・ポーズ等を修正することも想定されるため、イラストの著作権の譲渡および著作者人格権の不行使の制約を求める必要性はあるといえるでしょう。

　もっとも、業務委託料を支払ったからといって自動的に著作権がフリーランスから発注者に譲渡されるわけではありません。そのため、フリーランスとの間で著作権の譲渡および著作者人格権の不行使の制

約について合意し、それらに対する適正な対価を協議の上、決定し支払う必要があります。

【 ポイント解説】

・著作権の譲渡や利用許諾を受けるためには、フリーランスとの間で合意をする必要があります。

・制作物の利用許諾は制作物等の委託業務に必要な範囲に限る必要があります。

・発注者は著作権の譲渡や利用許諾に対する適正な対価を支払う必要があります。

第4章　ケーススタディで見るフリーランス法

CASE 15	ハラスメント

運送関係	建設関係	営業	美容関係
舞台・演劇関係、芸能関係		事務	医療・福祉
その他多くの業種			

事例

　私は劇団を主宰しており、劇団に所属する俳優や、演出家との間では業務委託契約を締結しています。先日、うちの劇団の一人の俳優から、演出家からハラスメントを受けたため何とかしてほしいと言われました。具体的には深夜・早朝に連絡が来て、劇団に来るよう呼び出されたり、日々「こんなこともできないのか？　お前には何の価値もない」等の自身の能力を否定する発言を大勢の面前で繰り返し受けたりしたというのです。

　確かに、その演出家の指導は厳しいことは知っていましたが、ハラスメントは演出家自身が行っていることなので、問題があったとき責任をとるのは演出家ではないかと考えています。このような場合には、劇団としても何か対応する必要があるのでしょうか。

解説

1　ハラスメントがあったときに、発注者に求められる対応

　法令上、発注者（劇団）には、フリーランスに対するセクシャルハラスメント・パワーハラスメント・マタニティハラスメントにより、フリーランスの就業環境が害されること等のないよう、フリーランスからの相談に応じ、適切に対応するための必要な体制の整備その他の必要な措置を講じる義務が課せられています（法14条、**Q3-30**～

第4章　ケーススタディで見るフリーランス法

Q3-31 ）。その具体的な内容は、 Q3-30 を参照ください。

2　劇団に求められる対応

　この事例では、ハラスメントを行っている者は劇団と業務委託契約を締結している演出家であり、劇団の代表者や職員ではありません。しかし、演出家や、俳優、照明などの舞台装置等設備を担当する人などを統括しているのは劇団ですので、俳優からハラスメントの相談があった場合に、効果的に対応できるのは劇団であるといえます。このような場合には、劇団もハラスメントの申告に対し適切に相談対応し、事実関係の調査をし、調査結果に基づいて、適切な措置を行う必要があります。

　フリーランス法の指針でも、多数の契約当事者が存在する場合、フリーランスが就業する場所で、フリーランスに対するハラスメント対策を効果的に行うことができると認められた発注者が、ハラスメント対策を行うことが望ましいとされています（指針第4の7）。

【 ポイント解説】

・発注者には、フリーランス法に基づき、ハラスメント防止措置義務が課せられています。

・多数の契約当事者が存在する場合、フリーランスが就業する場所で、フリーランスに対するハラスメント対策を効果的に行うことができると認められる発注者が、ハラスメント対策を行うことが望ましいとされています。

第5章

フリーランス・トラブルの解決手続

第5章　フリーランス・トラブルの解決手続

CASE 1	フリーランス・トラブル110番の和解あっせん手続
	共通

事 例

　仕事を依頼しているフリーランスとの間で、報酬の支払に関しトラブルになっていたのですが、先日、「フリーランス・トラブル110番の和解あっせん手続」を申し立てられました。これはどのような手続ですか。手続の流れについて教えてください。裁判所で行われる裁判や民事調停とは違うのでしょうか。また、発注者としてはどのように対応したらよいのでしょうか。そもそも出席しなければならないのでしょうか。

解 説

　和解あっせん手続とは、経験豊富な和解あっせん人が、当事者双方の話を聞いて、利害関係を調整したり、解決案を提示することで和解を目指す手続です。柔軟な手続の中、話し合いにより解決に至ることができます。

1　フリーランス・トラブル110番の和解あっせん手続

　フリーランス・トラブル110番は、フリーランスの取引上のトラブルや就業環境について、弁護士に無料で相談することができる窓口で

240

す。フリーランス法において認められた相談窓口となっており（法21条）、第二東京弁護士会が厚生労働省からの委託を受け、厚生労働省のほか、内閣官房、公正取引委員会、中小企業庁と連携して法律相談（相談方法は電話、メール、ウェブ）に応じており、フリーランス・トラブル110番の窓口に申立書を提出することにより、無料で和解あっせん手続を利用することができます。

「和解あっせん」とは、第三者（和解あっせん人）が、当事者の間の和解による紛争解決を仲立ちし助けることをいいます。和解あっせん人は10年以上の弁護士経験を持つ弁護士の中から選ばれ、当事者双方の話を聞き、利害関係を調整し、解決案を提示することで和解を目指します。和解あっせん人の関与のもと、当事者の間で納得のいくまで解決策を話し合った上で、それぞれの当事者の意思で解決案を受け入れるかどうかを決めることができます。

2　和解あっせん手続の流れ

フリーランス・トラブル110番に和解あっせん手続が申し立てられると、申立書等の形式チェックの上、被申立人（和解あっせん手続を申し立てられた者）に対して手続に参加するか意思確認がなされ、和解あっせん期日の日程調整が実施されます。被申立人には手続応諾義務はなく、手続に応じるかどうか（出席するかどうか）は任意となっているため、被申立人が手続に応じる意思がない旨表明した場合には、手続は実施されず打ち切りとなります。

和解あっせん期日は3回までを目安に開催され、初回期日は申立てから1～2か月程度で開催されます。

和解あっせん期日では、原則10年以上の経験を持つ弁護士が和解あっせん人を務め、公平・中立な立場で当事者双方の主張を確認し、利害関係の調整を行い、話し合いを促進します。当事者双方が求めた

場合には、和解あっせん人から、事案に応じた具体的な解決案（和解案）が示されます。

　和解が成立した場合、和解契約書が作成され、当事者双方に交付されます。一方、和解が成立しなかった場合は、手続終了が告知・通知されます。

3　和解あっせん手続と民事調停・裁判の違い

　和解あっせん手続と民事調停・裁判との違いは以下のとおりです。

	和解あっせん手続	民事調停	裁判
担当	弁護士が担当	裁判官・弁護士・その他専門家が担当	裁判官が担当
時間/場所	任意の場所/任意の時間（必要に応じ、ウェブなどで行うことも可能）	裁判所が指定した日時/裁判所（基本的には平日17時まで）	裁判所が指定した日時/裁判所（基本的には平日17時まで）
公開・非公開	非公開	非公開	公開

　和解あっせん手続の特徴は、何より手続が柔軟であることです。裁判所の裁判・民事調停と比較した場合のメリットとして、①対面での実施（東京都千代田区霞が関の弁護士会館での実施）だけでなく、オンラインでの実施も可能であること、②フリーランスの法的問題に関する研修を受講した原則10年以上の経験を持つ弁護士が和解あっせん人を務めること、③手続の手数料（申立手数料、期日手数料、成立手数料）が無料であること、④期日開催について平日だけでなく土日や夜間での開催の余地もあること、が挙げられます。また、和解あっせん手続は非公開で実施され、当事者双方が同席した上で手続が進めら

れますが、当事者が希望する場合には、別席で話合いを進めることも可能です。

　和解あっせん手続を申し立てられた被申立人としては、手続に応じなかったとしても何らペナルティはありません。しかしながら、手続に応じなかった場合、申立人としては裁判所に訴訟提起し、または民事調停を申し立て、かえって紛争が長期化する可能性があります。和解あっせん手続に応じることで、柔軟な手続のもと、紛争解決に至る可能性がありますので、まずは和解あっせん手続に出席した上で、当事者双方で話合いを進めることも合理的な対応と考えられます。

第5章　フリーランス・トラブルの解決手続

<table>
<tr><td rowspan="2">CASE
2</td><td>少額訴訟</td></tr>
<tr><td>共通</td></tr>
</table>

事 例

　仕事を依頼しているフリーランスから、少額訴訟を提起され、簡易裁判所から訴状等一式が届きました。少額訴訟とはどのような手続ですか。また、少額訴訟を起こされた発注者としてはどのように対応すればよいでしょうか。

解 説

　少額訴訟とは、民事訴訟のうち、60万円以下の金銭の支払を求める訴えについて、1回の審理で解決を図る裁判所の特別な手続です（民事訴訟法368条1項）。訴状等一式を受け取った場合、その内容や第1回期日がいつか等をよく確認し、対応を検討しましょう。

　少額訴訟では、第1回期日において裁判所が当事者双方の言い分を聞き、直ちに判決を出すというのが原則となります（民事訴訟法370条1項、374条1項）。フリーランスが発注者に対し、比較的少額の報酬請求や損害賠償請求を行うに当たり、費用対効果を考えて代理人弁護士を立てずにご自身で訴訟提起をする方法として利用されることが多いです。

　フリーランスから少額訴訟を提起され、少額訴訟の被告となった発注者としては、何の対応もせずに放置してしまうと被告敗訴の判決が出されてしまい、その判決を基に被告名義の預貯金や動産の差押えが行われてしまうリスクがあります。訴状等一式を受け取った場合、そ

244

の内容や第1回期日がいつか等をよく確認し、対応を検討しましょう。

　具体的に取るべき対応は、原告（フリーランス）の請求内容や被告（発注者）の反論の有無によって異なります。

　まず、原告の請求内容に特に誤りがなく、反論すべき内容もない場合ですが、そのような場合であっても前述のとおり何の対応もせずに放置するのは危険です。少額訴訟手続では、通常の訴訟手続とは異なり、一定の条件のもとに分割払、支払猶予、訴え提起後の遅延損害金の支払免除等の判決が出される可能性がありますので（民事訴訟法375条1項）、被告側の資力が乏しく請求金額をすぐに支払うことができない場合、被告側の事情を記載した答弁書を提出するとよいでしょう。

　また、少額訴訟による審理を望まない場合は通常訴訟への移行を申し出ることもできます（民事訴訟法373条1項）。特に、原告の請求内容に誤りがある場合、被告として反論すべき内容がある場合、あるいは、被告から原告に対して請求すべきものがある場合については、通常訴訟への移行を申し出ることが考えられます。このような場合、少額訴訟において1回の期日で十分な審理を行うことは難しく、また、少額訴訟では反訴といういわばカウンターの訴訟を提起することが認められていないためです（同369条）。もっとも、通常訴訟に移行した場合、審理が長期化し、遅延損害金が増額することとなりますので注意する必要があります。

　なお、少額訴訟は、原告であるフリーランスの住所等を管轄する簡易裁判所に提起することができますので、被告となる発注者の営業所等から遠方の裁判所に係属する可能性があります。このような場合、被告の反論を記載した書面を提出して期日に出席しない、電話での参加を申し出る、あるいは、発注者の営業所等の最寄りの簡易裁判所へ移送するよう申し立てる、などの方法を検討してもよいでしょう。

第5章　フリーランス・トラブルの解決手続

CASE
3

支払督促

共通

事 例

　仕事を依頼しているフリーランスから、支払督促を申し立てられ、簡易裁判所から支払督促という書面が届きました。支払督促とはどのような手続ですか。また、支払督促を申し立てられた発注者としてはどのように対応すればよいでしょうか。

解 説

　支払督促とは、金銭請求等を債務者が争わないことを根拠に、実質的な審理を経ないで判決と同等の効力がある「支払督促」が発行される手続をいいます（民事訴訟法382条、383条、386条）。債務者（発注者）が異議の申立てをしなければ、債権者（フリーランス）がこれに基づいて強制執行の申立てをすることができる手続です。支払督促を受け取った場合は、異議を申し立て、通常訴訟の手続へと移行させることができます。

　債権者が債務者の財産を差し押えるなどの強制執行を行うためには、判決などの「債務名義」と呼ばれる文書が必要ですが、裁判所に訴訟を提起し判決を得るには相応の時間と費用を要します。支払督促は、債務者が債権の存否について争わない場合に、勝訴判決に代わる債務名義を得る手段として、簡易裁判所に特別に設けられた手続です。債務者が支払督促を受け取ってから２週間以内に異議の申立てをしなければ、最終的に債権者がこれに基づいて強制執行の申立てをするこ

246

とができます（民事訴訟法391条１項）。

　手数料が通常訴訟よりも安く、書面審査で出頭の必要がないため、フリーランスが発注者に対し報酬請求や損害賠償請求を行うに当たり、費用対効果を考えて代理人弁護士を立てずにご自身で債権回収を図る方法として利用されることが多いです。仮に請求内容に特に誤りがないとしても、何の対応もせずに放置してしまうと、発注者名義の預貯金や動産の差押えが行われてしまうリスクがあります。支払督促を受け取った場合は速やかに異議を申し立て、通常訴訟の手続へと移行させることができます（民事訴訟法390条、395条）。この異議の申立てには、支払督促の送達を受けた日から２週間という期間制限がありますので（同391条１項）、ご注意ください。通常訴訟の手続へと移行した後、反論等があれば答弁書にその内容を記載して提出し、特段反論等がなかったとしても、裁判所を介して話し合いによる解決（和解）を進めることを検討するとよいでしょう。

第5章　フリーランス・トラブルの解決手続

CASE 4	行政当局による指導
	共通

事例

　公正取引委員会、中小企業庁、都道府県労働局から、当社の取引先のフリーランスからフリーランス法違反の申出があったとして、いきなり連絡を受けてしまいました。どうしてこのようなことが起こるのでしょうか。この連絡を受けた発注者としては、どのように対応すればよいでしょうか。

解説

　フリーランスは、公正取引委員会・中小企業庁・厚生労働省に対し、発注者のフリーランス法違反の行為について申し出ることができ、省庁には報告要請・立入検査、指導・助言や勧告、命令の権限があります。命令に従わない場合、公表や刑事罰の対象にもなります。発注者は、これらに適切に従って違反を解消するとともに、フリーランスへの不利益取扱いをしないよう留意が必要です。

1　フリーランスからの申出と不利益取扱いの禁止

　フリーランス法では、違反行為を受けたフリーランスは、公正取引委員会・中小企業庁・厚生労働省に今後設置される窓口に申し出て、適当な措置をとるよう求めることができるとされています（法6条1項、17条1項）。募集情報の的確表示義務（法13条）の違反に関しては、これから業務委託を受けようとするフリーランスも同様の申出ができます（法17条1項）。

248

発注者は、フリーランスが上記の機関に対して法違反の申出を行ったことを理由に、取引の数量の削減、取引の停止その他の不利益な取扱いをしてはならず（法6条3項、17条3項）、申出を理由とする不利益取扱いは、それ自体が後述する勧告や命令の対象になります。

2　省庁による報告要請、立入検査、指導・助言、勧告、命令
（1）指導・助言、勧告、命令

フリーランスから法律違反に関する申出を受けた公正取引委員会、中小企業庁および厚生労働大臣（都道府県労働局）は、必要な調査を行い、申出の内容が事実であると認めるときは、この法律に基づく措置その他適当な措置を取らなければならないとされています（法6条2項、17条2項）。

具体的には、まず、発注者に対する指導・助言（法22条）がなされることが一般的です。

指導・助言を受けてもなお改善が見られない場合や、指導・助言では足りないほど法違反の態様が悪質・明白である場合には、フリーランス法違反を行った発注者に対し、法律に則った対応をするよう勧告がなされます（ただし、妊娠・出産、育児、介護に対する配慮義務違反については勧告の対象にはなりません。法8条、18条）。

勧告を受けた者が正当な理由なく勧告に従わない場合は、これに従った措置をとるよう命令が出され、併せて、その旨を公表することができます（法9条、19条）。なお、ハラスメント防止措置義務（法14条）違反については、勧告に従わない場合、公表の対象にはなりますが、命令の対象にはなりません（法19条3項）。

命令を受けてもなお従わない場合、刑事罰（違反をした個人および法人や使用者たる事業主の両方に対し、50万円以下の罰金）の対象になります。

第5章　フリーランス・トラブルの解決手続

（2）報告要請、立入検査

　上記の勧告・命令に必要な限度において、公正取引委員会、中小企業庁長官および厚生労働大臣（都道府県労働局）は、発注者やフリーランスその他の関係者に対し、業務委託に関して報告を求めたり、事務所や事業場に立ち入り、帳簿書類その他の物件を検査することができます（法11条、20条）。なお、ハラスメント防止措置義務違反に関しては、報告要請の対象にはなりますが、立入検査の対象とはなりません（法20条2項）。

　報告要請に対し、報告をせず、あるいは虚偽の報告をしたり、立入検査を拒否・妨害等した場合には、50万円以下の罰金（ハラスメント防止措置義務違反についての無報告・虚偽報告については20万円以下の過料）の対象になります。

　以上の詳細は、**Q3-6**、**Q3-11**、**Q3-14**、**Q3-28**、**Q3-31**、**Q3-37**、**Q3-45**、**Q3-49**もご確認ください。

3　法違反の自己申告

　フリーランス法第2章の規定（明示義務、支払期日、遵守事項および不利益取扱いの禁止）への違反について、発注者が自ら改善措置を講じ、自発的に違反行為の申告を行った場合には、勧告を回避することもできます。すなわち、公正取引委員会が違反行為の調査に着手する前に、発注者が自発的に違反行為を申告し、かつ、当該違反行為をすでに取りやめ、違反行為によりフリーランスに与えた不利益を回避するための措置や再発防止策を講じる、公正取引委員会の調査や指導に全面的に協力する等の事由があれば、勧告の必要はないとされています（執行ガイドライン4項）。

　これは、自発的な改善措置が、受注者が受けた不利益の早期回復に資するとの考えに基づいており、独占禁止法上の課徴金減免制度（い

250

わゆる「リニエンシー制度」）と類似した措置といえます。

4　行政当局からの連絡への対応

　行政当局から報告要請や立入検査を受けた場合には、求められた資料等をできる限り提出し、検査に素直に応じることが重要となります。例えば、仮に自社の報酬減額の対応は、フリーランス側に原因があるから違法ではないと考えていたとしても、報告要請を無視したり検査妨害をするのではなく、報告や検査対応の中で正当性を説明することが大切です。もし、指導・助言や勧告を受けたら、それだけで直ちに命令や社名公表、刑事罰につながるものではないものの、法違反であると指摘された状態や事項を速やかに解消・改善して、行政当局にその旨の報告をし、さらなる勧告や命令を防ぐことが必要です。

　なお、指導・助言および勧告はいずれも行政指導であり行政処分ではないため、行政手続法に基づく不服申立ての対象とはなりません。

【　コラム　リニエンシー制度】

　リニエンシー制度（課徴金減免制度）とは、事業者が自ら関与したカルテル・入札談合（いずれも独禁法違反）について、その違反内容を公正取引委員会に自主的に報告した場合、課徴金が減免される独禁法上の制度をいいます。

　独禁法上のリニエンシー制度の対象は、カルテル・入札談合に限られ、フリーランス法の違反行為は対象外となっています。もっとも、上記3記載のとおり、自発的に法違反の申告を行い改善措置をとることにより、勧告を回避することができる可能性がありますので、リニエンシー制度類似の措置が設けられているといえます。発注者としては積極的に活用するとよいでしょう。

第5章　フリーランス・トラブルの解決手続

CASE 5	刑事罰
	共通

事 例

　先日、仕事を依頼しているフリーランスから公正取引委員会に対し、当社が不当に報酬を減額させたという申出があり、公正取引委員会から報告と立入検査を求められました。当社は、求められた資料を提出したり、立入検査に応じたりするなど調査に対して誠実に協力したにもかかわらず、公正取引委員会から当社に対し、減額した報酬をフリーランスに支払うよう勧告を受けました。納得がいかないのですが、このまま何の対応もしないと何か刑事罰が科せられたりするのでしょうか。また、問題となった行為をした当社の従業員だけでなく、当社自体も刑事罰の対象になるのでしょうか。

解 説

　勧告に従わない場合に直ちに刑事罰が科されるものではありませんが、その後になされる命令に違反した場合には50万円以下の罰金に処され、違反行為をした従業員等を使用する発注者についても50万円以下の罰金に処されます。

1　フリーランス法における刑事罰

　フリーランス法は、大きく2つの場合に刑事罰を科すことを定めています。一つは、報告要請・立入検査において発注者が報告をせず、もしくは虚偽の報告をし、または検査を拒み、もしくは妨げる等をした場合、もう一つは、命令に発注者が違反した場合です。いずれも、

252

50万円以下の罰金に処せられます（法24条）。

違反行為の類型と刑事罰の内容は下表のとおりです。

違反行為の類型	刑事罰の内容	規定
以下の義務違反に関する公正取引委員会・厚生労働大臣による命令の違反 ①取引条件の明示義務（法３条） ②一定期間内の報酬支払義務（法４条） ③報酬減額の禁止等の遵守義務（法５条） ④募集情報の的確表示義務（法12条） ⑤解除等の予告義務（法16条） ⑥行政機関への申出等を理由とする不利益取扱いの禁止に関する不作為義務（法６条３項、法17条３項）	50万円以下の罰金（両罰規定あり）	法24条１号
行政機関による報告要請・立入検査の妨害等		法24条２号

また、フリーランス法は、いわゆる両罰規定を定めており、当該違反行為を行った者（代表者、代理人、従業員等）だけでなく、その者を使用する発注者（法人または人）に対しても50万円以下の罰金に処することとされています（法25条）。

フリーランス法13条に定められている妊娠・出産・育児・介護への配慮義務は、行政機関による勧告・命令・報告要請等の対象とされていないため、当該義務違反には罰則の適用はありません。

また、フリーランス法14条に定められているハラスメント防止措置義務については、発注者が当該義務を違反した場合に厚生労働大臣は行政指導に加えて勧告・報告要請に限り措置をとることができ（ただし、立入検査や命令をすることはできません）、当該報告要請への虚偽報告等については、刑事罰がない代わり、20万円以下の過料に処さ

第5章　フリーランス・トラブルの解決手続

れます（法20条2項、26条）。

2　本事例へのあてはめ

　減額した報酬をフリーランスに対して支払うべきという公正取引委員会からの勧告（法5条1項2号、8条4項）に従わない場合に、直ちに発注者が刑事罰を科されることにはなりません。もっとも、正当な理由がなく、発注者が当該勧告に係る措置をとらなかった場合（減額した報酬をフリーランスに対して支払わなかった場合）には、公正取引委員会は、発注者に対して措置をとるべきことを命令することができ（法9条1項）、命令に違反した場合には当該違反行為を行った者（代表者、従業員等の個人）は50万円以下の罰金に処され（法24条1号）、違反行為をした従業員等を使用する発注者についても50万円以下の罰金に処される可能性があります（法25条）。

巻末付録

◯特定受託事業者に係る取引の適正化等に関する法律
〔令和五年五月十二日号外法律第二十五号〕

〔目次　略〕

　　　第一章　総則
　（目的）
第一条　この法律は、我が国における働き方の多様化の進展に鑑み、個人が事業者として受託した業務に安定的に従事することができる環境を整備するため、特定受託事業者に業務委託をする事業者について、特定受託事業者の給付の内容その他の事項の明示を義務付ける等の措置を講ずることにより、特定受託事業者に係る取引の適正化及び特定受託業務従事者の就業環境の整備を図り、もって国民経済の健全な発展に寄与することを目的とする。
　（定義）
第二条　この法律において「特定受託事業者」とは、業務委託の相手方である事業者であって、次の各号のいずれかに該当するものをいう。
　一　個人であって、従業員を使用しないもの
　二　法人であって、一の代表者以外に他の役員（理事、取締役、執行役、業務を執行する社員、監事若しくは監査役又はこれらに準ずる者をいう。第六項第二号において同じ。）がなく、かつ、従業員を使用しないもの
2　この法律において「特定受託業務従事者」とは、特定受託事業者である前項第一号に掲げる個人及び特定受託事業者である同項第二号に掲げる法人の代表者をいう。
3　この法律において「業務委託」とは、次に掲げる行為をいう。
　一　事業者がその事業のために他の事業者に物品の製造（加工を含む。）又は情報成果物の作成を委託すること。
　二　事業者がその事業のために他の事業者に役務の提供を委託すること（他の事業者をして自らに役務の提供をさせることを含む。）。
4　前項第一号の「情報成果物」とは、次に掲げるものをいう。
　一　プログラム（電子計算機に対する指令であって、一の結果を得ることができるように組み合わされたものをいう。）
　二　映画、放送番組その他影像又は音声その他の音響により構成されるもの
　三　文字、図形若しくは記号若しくはこれらの結合又はこれらと色彩との結合により構成されるもの
　四　前三号に掲げるもののほか、これらに類するもので政令で定めるもの

255

5 この法律において「業務委託事業者」とは、特定受託事業者に業務委託をする事業者をいう。

6 この法律において「特定業務委託事業者」とは、業務委託事業者であって、次の各号のいずれかに該当するものをいう。

一 個人であって、従業員を使用するもの

二 法人であって、二以上の役員があり、又は従業員を使用するもの

7 この法律において「報酬」とは、業務委託事業者が業務委託をした場合に特定受託事業者の給付（第三項第二号に該当する業務委託をした場合にあっては、当該役務の提供をすること。第五条第一項第一号及び第三号並びに第八条第三項及び第四項を除き、以下同じ。）に対し支払うべき代金をいう。

　　第二章　特定受託事業者に係る取引の適正化

（特定受託事業者の給付の内容その他の事項の明示等）

第三条　業務委託事業者は、特定受託事業者に対し業務委託をした場合は、直ちに、公正取引委員会規則で定めるところにより、特定受託事業者の給付の内容、報酬の額、支払期日その他の事項を、書面又は電磁的方法（電子情報処理組織を使用する方法その他の情報通信の技術を利用する方法であって公正取引委員会規則で定めるものをいう。以下この条において同じ。）により特定受託事業者に対し明示しなければならない。ただし、これらの事項のうちその内容が定められないことにつき正当な理由があるものについては、その明示を要しないものとし、この場合には、業務委託事業者は、当該事項の内容が定められた後直ちに、当該事項を書面又は電磁的方法により特定受託事業者に対し明示しなければならない。

2 業務委託事業者は、前項の規定により同項に規定する事項を電磁的方法により明示した場合において、特定受託事業者から当該事項を記載した書面の交付を求められたときは、遅滞なく、公正取引委員会規則で定めるところにより、これを交付しなければならない。ただし、特定受託事業者の保護に支障を生ずることがない場合として公正取引委員会規則で定める場合は、この限りでない。

（報酬の支払期日等）

第四条　特定業務委託事業者が特定受託事業者に対し業務委託をした場合における報酬の支払期日は、当該特定業務委託事業者が特定受託事業者の給付の内容について検査をするかどうかを問わず、当該特定業務委託事業者が特定受託事業者の給付を受領した日（第二条第三項第二号に該当する業務委託をした場合にあっては、特定受託事業者から当該役務の提供を受けた日。次項において同じ。）から起算して六十日の期間内において、かつ、できる限り短い期間内において、定められなければならない。

2 前項の場合において、報酬の支払期日が定められなかったときは特定業務委託事業者が特定受託事業者の給付を受領した日が、同項の規定に違反して報酬の支払期日が定められたときは特定業務委託事業者が特定受託事業者の給付を受領した日から起算

して六十日を経過する日が、それぞれ報酬の支払期日と定められたものとみなす。

3　前二項の規定にかかわらず、他の事業者（以下この項及び第六項において「元委託者」という。）から業務委託を受けた特定業務委託事業者が、当該業務委託に係る業務（以下この項及び第六項において「元委託業務」という。）の全部又は一部について特定受託事業者に再委託をした場合（前条第一項の規定により再委託である旨、元委託者の氏名又は名称、元委託業務の対価の支払期日（以下この項及び次項において「元委託支払期日」という。）その他の公正取引委員会規則で定める事項を特定受託事業者に対し明示した場合に限る。）には、当該再委託に係る報酬の支払期日は、元委託支払期日から起算して三十日の期間内において、かつ、できる限り短い期間内において、定められなければならない。

4　前項の場合において、報酬の支払期日が定められなかったときは元委託支払期日が、同項の規定に違反して報酬の支払期日が定められたときは元委託支払期日から起算して三十日を経過する日が、それぞれ報酬の支払期日と定められたものとみなす。

5　特定業務委託事業者は、第一項若しくは第三項の規定により定められた支払期日又は第二項若しくは前項の支払期日までに報酬を支払わなければならない。ただし、特定受託事業者の責めに帰すべき事由により支払うことができなかったときは、当該事由が消滅した日から起算して六十日（第三項の場合にあっては、三十日）以内に報酬を支払わなければならない。

6　第三項の場合において、特定業務委託事業者は、元委託者から前払金の支払を受けたときは、元委託業務の全部又は一部について再委託をした特定受託事業者に対して、資材の調達その他の業務委託に係る業務の着手に必要な費用を前払金として支払うよう適切な配慮をしなければならない。

（特定業務委託事業者の遵守事項）

第五条　特定業務委託事業者は、特定受託事業者に対し業務委託（政令で定める期間以上の期間行うもの（当該業務委託に係る契約の更新により当該政令で定める期間以上継続して行うこととなるものを含む。）に限る。以下この条において同じ。）をした場合は、次に掲げる行為（第二条第三項第二号に該当する業務委託をした場合にあっては、第一号及び第三号に掲げる行為を除く。）をしてはならない。

一　特定受託事業者の責めに帰すべき事由がないのに、特定受託事業者の給付の受領を拒むこと。

二　特定受託事業者の責めに帰すべき事由がないのに、報酬の額を減ずること。

三　特定受託事業者の責めに帰すべき事由がないのに、特定受託事業者の給付を受領した後、特定受託事業者にその給付に係る物を引き取らせること。

四　特定受託事業者の給付の内容と同種又は類似の内容の給付に対し通常支払われる対価に比し著しく低い報酬の額を不当に定めること。

五　特定受託事業者の給付の内容を均質にし、又はその改善を図るため必要がある場

巻末付録

合その他正当な理由がある場合を除き、自己の指定する物を強制して購入させ、又は役務を強制して利用させること。

2　特定業務委託事業者は、特定受託事業者に対し業務委託をした場合は、次に掲げる行為をすることによって、特定受託事業者の利益を不当に害してはならない。

一　自己のために金銭、役務その他の経済上の利益を提供させること。

二　特定受託事業者の責めに帰すべき事由がないのに、特定受託事業者の給付の内容を変更させ、又は特定受託事業者の給付を受領した後（第二条第三項第二号に該当する業務委託をした場合にあっては、特定受託事業者から当該役務の提供を受けた後）に給付をやり直させること。

（申出等）

第六条　業務委託事業者から業務委託を受ける特定受託事業者は、この章の規定に違反する事実がある場合には、公正取引委員会又は中小企業庁長官に対し、その旨を申し出て、適当な措置をとるべきことを求めることができる。

2　公正取引委員会又は中小企業庁長官は、前項の規定による申出があったときは、必要な調査を行い、その申出の内容が事実であると認めるときは、この法律に基づく措置その他適当な措置をとらなければならない。

3　業務委託事業者は、特定受託事業者が第一項の規定による申出をしたことを理由として、当該特定受託事業者に対し、取引の数量の削減、取引の停止その他の不利益な取扱いをしてはならない。

（中小企業庁長官の請求）

第七条　中小企業庁長官は、業務委託事業者について、第三条の規定に違反したかどうか又は前条第三項の規定に違反しているかどうかを調査し、その事実があると認めるときは、公正取引委員会に対し、この法律の規定に従い適当な措置をとるべきことを求めることができる。

2　中小企業庁長官は、特定業務委託事業者について、第四条第五項若しくは第五条第一項（第一号に係る部分を除く。）若しくは第二項の規定に違反したかどうか又は同条第一項（同号に係る部分に限る。）の規定に違反しているかどうかを調査し、その事実があると認めるときは、公正取引委員会に対し、この法律の規定に従い適当な措置をとるべきことを求めることができる。

（勧告）

第八条　公正取引委員会は、業務委託事業者が第三条の規定に違反したと認めるときは、当該業務委託事業者に対し、速やかに同条第一項の規定による明示又は同条第二項の規定による書面の交付をすべきことその他必要な措置をとるべきことを勧告することができる。

2　公正取引委員会は、特定業務委託事業者が第四条第五項の規定に違反したと認めるときは、当該特定業務委託事業者に対し、速やかに報酬を支払うべきことその他必要

な措置をとるべきことを勧告することができる。

3　公正取引委員会は、特定業務委託事業者が第五条第一項(第一号に係る部分に限る。)の規定に違反していると認めるときは、当該特定業務委託事業者に対し、速やかに特定受託事業者の給付を受領すべきことその他必要な措置をとるべきことを勧告することができる。

4　公正取引委員会は、特定業務委託事業者が第五条第一項(第一号に係る部分を除く。)の規定に違反したと認めるときは、当該特定業務委託事業者に対し、速やかにその報酬の額から減じた額を支払い、特定受託事業者の給付に係る物を再び引き取り、その報酬の額を引き上げ、又はその購入させた物を引き取るべきことその他必要な措置をとるべきことを勧告することができる。

5　公正取引委員会は、特定業務委託事業者が第五条第二項の規定に違反したと認めるときは、当該特定業務委託事業者に対し、速やかに当該特定受託事業者の利益を保護するため必要な措置をとるべきことを勧告することができる。

6　公正取引委員会は、業務委託事業者が第六条第三項の規定に違反していると認めるときは、当該業務委託事業者に対し、速やかに不利益な取扱いをやめるべきことその他必要な措置をとるべきことを勧告することができる。

（命令）

第九条　公正取引委員会は、前条の規定による勧告を受けた者が、正当な理由がなく、当該勧告に係る措置をとらなかったときは、当該勧告を受けた者に対し、当該勧告に係る措置をとるべきことを命ずることができる。

2　公正取引委員会は、前項の規定による命令をした場合には、その旨を公表することができる。

（私的独占の禁止及び公正取引の確保に関する法律の準用）

第十条　前条第一項の規定による命令をする場合については、私的独占の禁止及び公正取引の確保に関する法律（昭和二十二年法律第五十四号）第六十一条、第六十五条第一項及び第二項、第六十六条、第七十条の三第三項及び第四項、第七十条の六から第七十条の九まで、第七十条の十二、第七十六条、第七十七条、第八十五条（第一号に係る部分に限る。）、第八十六条、第八十七条並びに第八十八条の規定を準用する。

（報告及び検査）

第十一条　中小企業庁長官は、第七条の規定の施行に必要な限度において、業務委託事業者、特定業務委託事業者、特定受託事業者その他の関係者に対し、業務委託に関し報告をさせ、又はその職員に、これらの者の事務所その他の事業場に立ち入り、帳簿書類その他の物件を検査させることができる。

2　公正取引委員会は、第八条及び第九条第一項の規定の施行に必要な限度において、業務委託事業者、特定業務委託事業者、特定受託事業者その他の関係者に対し、業務委託に関し報告をさせ、又はその職員に、これらの者の事務所その他の事業場に立ち

入り、帳簿書類その他の物件を検査させることができる。

3　前二項の規定により職員が立ち入るときは、その身分を示す証明書を携帯し、関係人に提示しなければならない。

4　第一項及び第二項の規定による立入検査の権限は、犯罪捜査のために認められたものと解釈してはならない。

　　　第三章　特定受託業務従事者の就業環境の整備
　（募集情報の的確な表示）

第十二条　特定業務委託事業者は、新聞、雑誌その他の刊行物に掲載する広告、文書の掲出又は頒布その他厚生労働省令で定める方法（次項において「広告等」という。）により、その行う業務委託に係る特定受託事業者の募集に関する情報（業務の内容その他の就業に関する事項として政令で定める事項に係るものに限る。）を提供するときは、当該情報について虚偽の表示又は誤解を生じさせる表示をしてはならない。

2　特定業務委託事業者は、広告等により前項の情報を提供するときは、正確かつ最新の内容に保たなければならない。

　（妊娠、出産若しくは育児又は介護に対する配慮）

第十三条　特定業務委託事業者は、その行う業務委託（政令で定める期間以上の期間行うもの（当該業務委託に係る契約の更新により当該政令で定める期間以上継続して行うこととなるものを含む。）に限る。以下この条及び第十六条第一項において「継続的業務委託」という。）の相手方である特定受託事業者からの申出に応じて、当該特定受託事業者（当該特定受託事業者が第二条第一項第二号に掲げる法人である場合にあっては、その代表者）が妊娠、出産若しくは育児又は介護（以下この条において「育児介護等」という。）と両立しつつ当該継続的業務委託に係る業務に従事することができるよう、その者の育児介護等の状況に応じた必要な配慮をしなければならない。

2　特定業務委託事業者は、その行う継続的業務委託以外の業務委託の相手方である特定受託事業者からの申出に応じて、当該特定受託事業者（当該特定受託事業者が第二条第一項第二号に掲げる法人である場合にあっては、その代表者）が育児介護等と両立しつつ当該業務委託に係る業務に従事することができるよう、その者の育児介護等の状況に応じた必要な配慮をするよう努めなければならない。

　（業務委託に関して行われる言動に起因する問題に関して講ずべき措置等）

第十四条　特定業務委託事業者は、その行う業務委託に係る特定受託業務従事者に対し当該業務委託に関して行われる次の各号に規定する言動により、当該各号に掲げる状況に至ることのないよう、その者からの相談に応じ、適切に対応するために必要な体制の整備その他の必要な措置を講じなければならない。

一　性的な言動に対する特定受託業務従事者の対応によりその者（その者が第二条第一項第二号に掲げる法人の代表者である場合にあっては、当該法人）に係る業務委託の条件について不利益を与え、又は性的な言動により特定受託業務従事者の就業

環境を害すること。

　　二　特定受託業務従事者の妊娠又は出産に関する事由であって厚生労働省令で定める
　　　ものに関する言動によりその者の就業環境を害すること。

　　三　取引上の優越的な関係を背景とした言動であって業務委託に係る業務を遂行する
　　　上で必要かつ相当な範囲を超えたものにより特定受託業務従事者の就業環境を害す
　　　ること。

２　特定業務委託事業者は、特定受託業務従事者が前項の相談を行ったこと又は特定業
　務委託事業者による当該相談への対応に協力した際に事実を述べたことを理由とし
　て、その者（その者が第二条第一項第二号に掲げる法人の代表者である場合にあって
　は、当該法人）に対し、業務委託に係る契約の解除その他の不利益な取扱いをしては
　ならない。

　　（指針）

第十五条　厚生労働大臣は、前三条に定める事項に関し、特定業務委託事業者が適切に
　対処するために必要な指針を公表するものとする。

　　（解除等の予告）

第十六条　特定業務委託事業者は、継続的業務委託に係る契約の解除（契約期間の満了
　後に更新しない場合を含む。次項において同じ。）をしようとする場合には、当該契
　約の相手方である特定受託事業者に対し、厚生労働省令で定めるところにより、少な
　くとも三十日前までに、その予告をしなければならない。ただし、災害その他やむを
　得ない事由により予告することが困難な場合その他の厚生労働省令で定める場合は、
　この限りでない。

２　特定受託事業者が、前項の予告がされた日から同項の契約が満了する日までの間に
　おいて、契約の解除の理由の開示を特定業務委託事業者に請求した場合には、当該特
　定業務委託事業者は、当該特定受託事業者に対し、厚生労働省令で定めるところによ
　り、遅滞なくこれを開示しなければならない。ただし、第三者の利益を害するおそれ
　がある場合その他の厚生労働省令で定める場合は、この限りでない。

　　（申出等）

第十七条　特定業務委託事業者から業務委託を受け、又は受けようとする特定受託事業
　者は、この章の規定に違反する事実がある場合には、厚生労働大臣に対し、その旨を
　申し出て、適当な措置をとるべきことを求めることができる。

２　厚生労働大臣は、前項の規定による申出があったときは、必要な調査を行い、その
　申出の内容が事実であると認めるときは、この法律に基づく措置その他適当な措置を
　とらなければならない。

３　第六条第三項の規定は、第一項の場合について準用する。

　　（勧告）

第十八条　厚生労働大臣は、特定業務委託事業者が第十二条、第十四条、第十六条又は

前条第三項において準用する第六条第三項の規定に違反していると認めるときは、当該特定業務委託事業者に対し、その違反を是正し、又は防止するために必要な措置をとるべきことを勧告することができる。

（命令等）

第十九条　厚生労働大臣は、前条の規定による勧告（第十四条に係るものを除く。）を受けた者が、正当な理由がなく、当該勧告に係る措置をとらなかったときは、当該勧告を受けた者に対し、当該勧告に係る措置をとるべきことを命ずることができる。

2　厚生労働大臣は、前項の規定による命令をした場合には、その旨を公表することができる。

3　厚生労働大臣は、前条の規定による勧告（第十四条に係るものに限る。）を受けた者が、正当な理由がなく、当該勧告に係る措置をとらなかったときは、その旨を公表することができる。

（報告及び検査）

第二十条　厚生労働大臣は、第十八条（第十四条に係る部分を除く。）及び前条第一項の規定の施行に必要な限度において、特定業務委託事業者、特定受託事業者その他の関係者に対し、業務委託に関し報告をさせ、又はその職員に、これらの者の事務所その他の事業場に立ち入り、帳簿書類その他の物件を検査させることができる。

2　厚生労働大臣は、第十八条（第十四条に係る部分に限る。）及び前条第三項の規定の施行に必要な限度において、特定業務委託事業者に対し、業務委託に関し報告を求めることができる。

3　第十一条第三項及び第四項の規定は、第一項の規定による立入検査について準用する。

　　　第四章　雑則

（特定受託事業者からの相談対応に係る体制の整備）

第二十一条　国は、特定受託事業者に係る取引の適正化及び特定受託業務従事者の就業環境の整備に資するよう、特定受託事業者からの相談に応じ、適切に対応するために必要な体制の整備その他の必要な措置を講ずるものとする。

（指導及び助言）

第二十二条　公正取引委員会及び中小企業庁長官並びに厚生労働大臣は、この法律の施行に関し必要があると認めるときは、業務委託事業者に対し、指導及び助言をすることができる。

（厚生労働大臣の権限の委任）

第二十三条　この法律に定める厚生労働大臣の権限は、厚生労働省令で定めるところにより、その一部を都道府県労働局長に委任することができる。

　　　第五章　罰則

第二十四条　次の各号のいずれかに該当する場合には、当該違反行為をした者は、

五十万円以下の罰金に処する。

一　第九条第一項又は第十九条第一項の規定による命令に違反したとき。

二　第十一条第一項若しくは第二項又は第二十条第一項の規定による報告をせず、若しくは虚偽の報告をし、又はこれらの規定による検査を拒み、妨げ、若しくは忌避したとき。

第二十五条　法人の代表者又は法人若しくは人の代理人、使用人その他の従業者が、その法人又は人の業務に関し、前条の違反行為をしたときは、行為者を罰するほか、その法人又は人に対して同条の刑を科する。

第二十六条　第二十条第二項の規定による報告をせず、又は虚偽の報告をした者は、二十万円以下の過料に処する。

　　　附　　則

（施行期日）

1　この法律は、公布の日から起算して一年六月を超えない範囲内において政令で定める日から施行する。

　　　　〔令和六年五月政令一九九号により、令和六・一一・一から施行〕

（検討）

2　政府は、この法律の施行後三年を目途として、この法律の規定の施行の状況を勘案し、この法律の規定について検討を加え、その結果に基づいて必要な措置を講ずるものとする。

編集・執筆者一覧

〔編　著〕
　第二東京弁護士会　労働問題検討委員会
〔編集代表〕
　山田　康成
〔編集委員〕（担当順）

宇賀神　崇	大杉　　真	師子角　允彬
安藤　　亮	南部　恵一	山田　康成
平岡　卓朗	松井　博昭	塚本　健夫

〔執筆者〕（五十音順）

芥川　壮介	師子角　允彬	干場　智美
阿南　賢人	城石　　惣	堀田　陽平
新井　優樹	白石　紘一	前田　祐生
安藤　　亮	杉浦　起大	前橋　呈至
池松　　慧	髙橋　宏文	松井　　淳
伊藤　翔汰	高松　　遼	松井　博昭
位田　陽平	田中　宏明	武藤　敦丈
宇賀神　崇	田淵　博雅	森　　崇久
大杉　　真	塚本　健夫	森田　茉莉子
金子　祥子	豊田　百々世	安本　侑生
北折　俊英	中田　諭志	山田　祥恵
金　　侑里香	中山　泰章	山田　康成
小出　雄輝	南部　恵一	山本　　鋼
纐纈　悠介	野田　　学	山本　皓太
駒形　　崇	平井　孝典	山本　竜一朗
是枝　大夢	平岡　卓朗	渡邉　悠介
佐々木　悠太	廣田　　駿	
澤　　和樹	古橋　　翼	

サービス・インフォメーション

――――――――――― 通話無料 ―――――――――――

①商品に関するご照会・お申込みのご依頼
　　　　TEL 0120（203）694／FAX 0120（302）640
②ご住所・ご名義等各種変更のご連絡
　　　　TEL 0120（203）696／FAX 0120（202）974
③請求・お支払いに関するご照会・ご要望
　　　　TEL 0120（203）695／FAX 0120（202）973

●フリーダイヤル（TEL）の受付時間は、土・日・祝日を除く
　9：00～17：30です。
●FAXは24時間受け付けておりますので、あわせてご利用ください。

ケーススタディでわかる
フリーランス・事業者間取引適正化等法の実務対応

2024年11月5日　初版発行

編著者　　第二東京弁護士会 労働問題検討委員会

発行者　　田　中　英　弥

発行所　　第一法規株式会社
　　　　　〒107-8560　東京都港区南青山2-11-17
　　　　　ホームページ　https://www.daiichihoki.co.jp/

フリーランス実務　ISBN 978-4-474-09537-3 C2032（2）